図解でわかる
経営分析の基本と見方・活かし方

城西コンサルタントグループ 監修

アニモ出版

はじめに

　「経営分析」は、経営状況をわかりやすく可視化し、企業の強みや課題を客観的に把握するために行なうプロセスです。何のために分析するのかというと、「意思決定」のために行ないます。
　経営分析を行なうということは、何らかの問題意識をもって行なう行動ですから、抱えている問題や課題が明確になり、解決策が見つからなければなりません。解決するための分析が本書のメインテーマです。

　経営における意思決定は、適切な経営分析がカギとなります。
　経営とは、「意思決定の連続」であるという経営者も存在しますが、正しい意思決定には価値あるデータが必要です。本書では、読者の方に「価値あるデータ」の本質を基本から解説します。

　「経営分析」はよく「財務分析」と比較されます。
　財務分析は財務諸表の数値的な分析で、経営分析は数字に表われない定性的な内容（たとえば、企業風土や経営者の資質など）まで含むものと解釈されています。しかし、データをもとにしない経営分析に意味はありません。そのため一般的には、経営分析と財務分析は同じことを指しているといえるのです。

　「経営分析」の歴史は長く、商業が盛んな江戸時代にも多くの商人が独自の経営手法を確立し、取引を記録したデータをもとに経営状況を把握することで、よりよい経営をめざしました。
　結局、ビジネスは勘と経験だけでは成り立たないということを日本人も理解していますし、まして世界に目を向けると、多くの経営手法が生まれて、それを実践し、繁栄を築き上げてきたわけです。

　そうした経過をたどってきた経営分析ですから、現在においても

多くのやり方が提唱され、研究されています。

　普通のビジネスパーソンでは、理解できないくらいに複雑にみえるでしょう。しかし、企業が自らの経営状況を把握し、改善策を講じるためだけの分析であれば、どんなやり方でも問題はありませんが、産業全体から情報を引き出すためには、多くの企業の比較検討ができなければなりません。

　そのため、政府をはじめいろいろな団体が社会全体の利益につながるような指標や指針を設けています。
　本書は、そのような定番になっているやり方や指標をもとに解説し、読者の実用に資する内容としています。
　具体的には、企業の「収益性分析」「安全性分析」「生産性分析」「成長性分析」「キャッシュフロー分析」の5つの方法について解説しています。本書の基本的な内容を押さえておけば、自分で経営分析を行なうことは十分に可能です。

　経営分析は、経営者や社員による経営改善に使われるだけでなく、たとえば銀行による信用力評価、投資家による投資価値の評価など、広く活用されています。
　本書では、日頃、決算書などになじみのない方に向けて、初心者にもわかりやすい図解を使って基本から解説していますが、経営者やコンサルタントにも十分に読む価値のある実用書としても活用できるはずです。
　ぜひ、多くの方のビジネスに役立てていただければ幸いです。

2024年11月
　　　　　　　　　　　一般社団法人城西コンサルタントグループ
　　　　　　　会長　　神谷　俊彦

図解でわかる 経営分析の基本と見方・活かし方
もくじ

はじめに

1章 まず決算書のことをザッと知っておこう

01	「経営分析」っていったい何をどうすること？	12
02	経営分析は会社の「決算書」をもとに行なう	14
03	ひとつだけではない会社の決算書の種類	16
04	「貸借対照表」で資本の出どころとその使い途がわかる	18
05	「損益計算書」でわかる会社の5つの利益とは？	20
06	5つの利益を計算する3つの収益、5つの費用	22
07	「キャッシュフロー計算書」はなぜ必要なのか	24
08	「株主資本等変動計算書」はどんな決算書？	26
09	4つの主要決算書はどこでどうつながっているのか	28
10	よその会社の決算書はどうすれば見られる？	30
11	大企業では「連結財務諸表」や「包括利益計算書」も	32

知っとコラム① …「継続企業の前提」 34

2章 それでは経営分析を始めよう —— 会社の総合力を見る

- 12 決算書のどこをどう見れば何がわかるのか ——— 36
- 13 経営分析をすると会社の何が見えてくる？ ——— 38
- 14 会社の総合的な「収益力」を見る
  　　総資本経常利益率 ——— 40
- 15 会社の収益力の中身を分解してみると… ——— 42
- 16 会社の「稼ぐ力」がここでわかる
  　　売上高経常利益率 ——— 44
- 17 「資本の回転」とはいったいどういうこと？ ——— 46
- 18 「資本の有効活用度」が見えてくる
  　　総資本回転率 ——— 48
- 19 投資をするならここで総合力を見る
  　　ROA（総資産利益率） ——— 50
- 20 投資した資本の効率はこれで測る
  　　ROE（株主資本利益率） ——— 52

知っとコラム② …「中小企業チェックリスト」 54

3章 会社の「稼ぐ力」を測る —— 収益性分析

- 21 「収益性が高い」「収益力が高い」とは？ ——— 56
- 22 本業で「稼ぐ力」はここを見る
  　　売上高営業利益率 ——— 58

23	損益計算書の収益と費用を細かく見てみると…	60
24	稼ぐ力の源泉はここでわかる	
	売上総利益率	62
25	収益性のチェックは4段階で	
	売上高当期純利益率	64
26	貸借対照表の資産の部を細かく見てみると…	66
27	在庫を回転のスピードでチェック	
	棚卸資産回転率	68
28	何日分の在庫を持っているか？	
	棚卸資産回転期間	70
29	問題のある商品在庫はどれか？	
	商品回転率／商品回転期間	72
30	売上の回収はうまくいっているか？	
	売上債権回転率／売上債権回転期間	74
31	設備投資を適切に行なっているか？	
	固定資産回転率／有形固定資産回転率	76
32	費用を「変動費」と「固定費」に分けてみると…	78
33	目標利益が出せる売上高がわかる	
	限界利益率	80
34	損益がトントンになる売上高とは？	
	損益分岐点／損益分岐点操業度	82
35	会社の利益構造もひと目でわかる	
	損益分岐点図表	84
36	売上が落ちても会社は安泰か？	
	経営安全額／経営安全率	86

37 投資するなら「1株当たり」で見る
　　EPS（1株当たり利益） ———————————— 88

38 株価を収益で割ると割安株がわかる
　　PER（株価収益率） ————————————— 90

39 利益を株主に還元しているか？
　　配当性向 ——————————————————— 92

40 会社は何で、どこで稼いでいるか？
　　セグメント情報 ——————————————— 94

　　知っとコラム③ …「繰延資産」と「引当金」 96

4章 取引しても安心な会社かどうか見る —— 安全性分析

41 「安全性分析」では会社の何をチェックする？ ——— 98
42 貸借対照表の「負債の部」を細かく見てみると… ——— 100
43 短期の「支払能力」がわかる
　　流動比率 —————————————————— 102
44 支払能力を厳しくチェックするなら
　　当座比率 —————————————————— 104
45 長期の支払能力のほうはどうか
　　固定比率 —————————————————— 106
46 投資と資本の調達のバランスは？
　　固定長期適合率 ——————————————— 108

47	短期、長期の支払能力のわかりやすい見方は？	110
48	財務体質の健全性をチェックする 自己資本比率	112
49	貸借対照表の「純資産の部」を細かく見てみると…	114
50	借入金の返済能力もチェックできる 借入金依存度／借入金月商倍率	116
51	借入金の利払能力もチェックする インタレスト・カバレッジ・レシオ	118
52	仕入代金の支払いは適切か 仕入債務回転日数	120
53	資金の過不足も決算書からわかる 運転資金調達高	122

知っとコラム④ …「リース資産」と「リース債務」 124

5章 効率よく伸びる会社か —— 生産性分析・成長性分析

54	「生産性」とはいったい何のことだろう	126
55	人の生産性を「1人当たり」で見る 1人当たり売上高	128
56	生産性を測るモノサシ──「付加価値」とは？	130
57	付加価値で「人が稼ぐ効率」を見る 労働生産性	132
58	労働生産性の中身を分解してみると…	134

59 付加価値から見た人件費の水準は？
　　労働分配率 ——————————————— 136

60 「1時間当たり」の生産性も見る
　　人時生産性 ——————————————— 138

61 商品ごとの販売効率をチェックする
　　交差比率 ———————————————— 140

62 会社の「成長性」は何を見ればわかるか？ ——— 142

63 バランスよく成長しているか？
　　売上高伸び率／利益伸び率 ———————— 144

64 成長性を「1株当たり」で見る
　　EPS成長率 ——————————————— 146

　　知っとコラム⑤ …「未払金」と「未払費用」、「前受金」と「前受収益」 148

6章 「お金の流れ」もチェックしよう —— キャッシュフロー分析

65 「キャッシュ」「キャッシュフロー」って何だろう ——— 150

66 3つのキャッシュフローに分けて見るワケ ——— 152

67 2つのキャッシュフロー計算書のつくり方・見方 ——— 154

68 営業活動でキャッシュを生み出す
　　営業キャッシュフロー ————————————— 156

69 将来のために投資しているか？
　　投資キャッシュフロー ————————————— 158

70	資金の調達と返済はどうか？
	財務キャッシュフロー ──────── 160

71	自由に使えるキャッシュはいくら？
	フリーキャッシュフロー ──────── 162

72	現在に直すとキャッシュはいくら？
	割引キャッシュフロー法 ──────── 164

73	キャッシュ獲得能力の強さを見る
	キャッシュフローマージン ──────── 166

74	キャッシュフローから総合力を見る
	総資本キャッシュフロー ──────── 168

知っとコラム⑥ …「CMS」 170

さくいん 171

執筆協力◎和田秀実
カバーデザイン◎水野敬一
本文DTP＆図版＆イラスト◎伊藤加寿美（一企画）

1章

まず決算書のことを
ザッと知っておこう

Business Analysis

01 「経営分析」っていったい何をどうすること？

信用取引や投資のために「経営」を「分析」する

経営分析とは、文字どおり企業の「経営」を「分析」することです。何のために、企業の経営を分析するのでしょう？

私たちは仕事のうえで、ある会社のことをよく知る必要に迫られることがあります。たとえば、会社同士の取引。

現代では、会社同士の取引は代金後払いの「信用取引」が中心ですね。相手の会社のことをよく知らないと、信用して取引をすることはできないでしょう。そこで、相手の会社の経営を分析して、信用してよいか判断するのです。

つまり、「信用分析」です。

会社が銀行などに融資を申し込んだ場合も、同じように信用分析が行なわれます。融資に際して、いろいろな書類の提出を求められるのはそのためです。金融機関はその書類を分析して、信用できるか、融資できるかを判断しています。

また、ある会社の株主になったり、株式市場で株の売買をするときにも、その会社の経営を分析することが必要です。よく知らないで株を買ったのでは、株式投資はただのギャンブルになってしまいます。つまり、「投資分析」が必要なのです。

自社の「経営」のために自分たちで「分析」する

そして、忘れてならないのが、経営者や経営企画の担当者が自社の経営を分析するという役割です。「内部管理分析」などと呼びますが、経営を分析して自社のことをきちんと把握することなしには、経営方針も経営計画も立てられません。

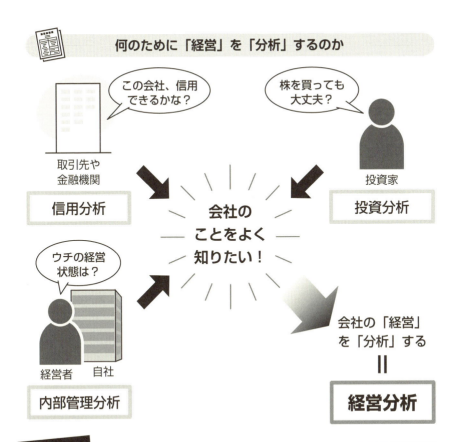

　もし業績がかんばしくないなら、どこに問題があるのか。今は業績がよくても、今後の他社との競争に勝ち残れる財務体質か、など自社について分析したいことは山ほどあります。

　後ほど詳しく説明しますが（☞36ページ）、以上のような分析の目的によって、さまざまな経営分析の方法、種類が開発されています。ですから、経営分析をしてみようと考えたら、まず分析の目的をはっきりさせることが大切です。

02 経営分析は会社の「決算書」をもとに行なう

会社は自分で成績表＝「決算書」をつくる

　会社の経営を分析するといっても、企業経営には数字であらわせる部分と、数字にあらわれない部分があります。たとえば、会社の売上高や利益は数字であらわせますが、社長の経営能力や社員のモチベーションといったものは、直接的にはあらわれません。

　経営分析が扱うのは、このうちの**数字にあらわれる部分**です。では、会社の経営の数字はどこで見られるでしょうか？

　私たちが子どものころ、学期末になると担任の先生から「通知表」などと表紙に書かれた成績表をもらって帰ったものです。同じように、会社にも成績表があります。

　会社の成績表は、学期末ならぬ事業年度の期末につくられます。ただし学校の通知表と違うのは、会社が自分でつくること。そのために会社は「**決算**」という、成績を確定するための事務作業を行ない、できあがった成績表は「**決算書**」と呼ばれるのです。

　日本の会社はすべて、どんな大企業もひとり社長の会社も、決算書を作成することが法律で義務づけられています。たとえば株式会社は、会社法で「**計算書類**」の作成が義務づけられていますが、この会社法で定める計算書類が一般にいう決算書です。

 決算書の分析で経営の80％はわかる！

　法律が、会社に決算書の作成を義務づけているのは、前項で見たような信用取引や投資、自社の経営分析などのために、誰でも決算書を見られることが不可欠だからです。

　ウチの会社は税金の申告に必要だから決算をしている、という人

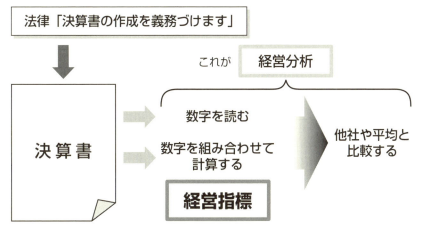

がいるかもしれませんね。それも、税法という法律に定められていることです。いずれにしても法律の定めにより、日本のすべての会社は決算を行なって、決算書をつくっているのです。

決算書は、売上高や利益、資本金など、ただ数字を見るだけでもたくさんのことがわかります。しかし経営分析では、**別の数字を組み合わせて比率を求め、他社や業界平均と比べてみる**といったことも行ないます。それによって、より具体的に数字が読めるからです。

このような、数字と数字の組み合わせから計算できるモノサシを「**経営指標**」といいます。

もっとも、決算書では数字にあらわれない部分がわかりません。ですから経営指標からわかるのは、会社の経営のせいぜい80％というところでしょうか。しかし逆にいえば、**経営の80％は経営分析によってわかる**ということです。

03 ひとつだけではない会社の決算書の種類

決算書のスタンダードは「財務4表」

　決算書はまた「**財務諸表**」ともいいます。これは、投資家の保護を目的とした法律＝金融商品取引法での呼び方です。金融商品取引法では、主要な財務諸表として右の図の4つをあげています。なぜ、決算書が4つも必要なのでしょう？

　子どもたちの通知表でも、成績の見方はひとつではありませんね。体育は苦手だけど算数は得意という子もいれば、音楽の成績はよいが理科の成績はちょっと、という子もいるでしょう。

　会社の成績も、多方面から見る必要があります。

　そこで、「**貸借対照表**」で会社の財政状態を、「**損益計算書**」で経営成績を、「**キャッシュフロー計算書**」ではキャッシュの流れを、「**株主資本等変動計算書**」では会社の純資産のうち株主の持分の変動を見る、というように、4つの決算書が必要になるのです。

　もっとも、金融商品取引法の対象は株式公開会社ですから、すべての会社がこれに従う義務はありません。しかし、銀行に融資を申し込んだ際など、非上場の中小企業でもこれらの決算書の提出を求められたりします。

　そこで、この4つの財務諸表、すなわち「**財務4表**」または株主資本等変動計算書を除いた「**財務3表**」が事実上、決算書のスタンダードになっているのです。

重要な事項は決算書に「注記」も

　実際の財務諸表にはこのほか、いくつかの「**附属明細表**」が付けられます。また、重要な事項については決算書に「**注記**」すること

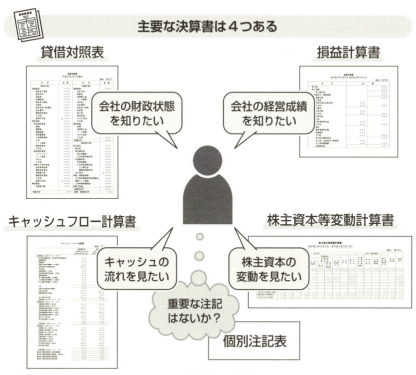

※金融商品取引法では「キャッシュ・フロー計算書」と表記します。

> **Point**
> この4つを「財務4表」、株主資本等変動計算書を除いた3つを「財務3表」といいます

も義務です。注記は、決算書の脚注として記載されるほか、別に「**個別注記表**」という書類が附属することもあります。

　注記しなければならない事項とは、たとえば期末以後、決算書の完成までに発生し、財政状態や経営成績に重要な影響を及ぼす事象（「重要な後発事象」）や、会社の存続（「継続企業の前提」☞34ページ）に関わるような事項、会計方針に関する事項などです。

　ですから、決算書を見るときには数字を追うだけでなく、何か注記があったらそれに注意することも大切です。

04 「貸借対照表」で資本の出どころとその使い途がわかる

左右がバランスしているから「バランスシート」

それでは4つの決算書をひとつずつ、ザッと見ていきましょう。

「貸借対照表」は、前ページの小さな画像でもわかるように、一般的には左右に分かれた形をしています。左右それぞれ、びっしりと細かな項目と金額が並んでいますが、大ぐくりに見ると実は右の図のような簡単な構造です。

英語では「バランスシート」（Balance Sheet）といい、「B／S」とも表記します。左と右がバランスしているシートという意味ですね。バランスしているというのは、金額の合計が左右で一致しているということです。バランスシートはなぜ、左右の合計金額が一致しているのでしょうか。

左側は「資産」、右側は「負債」と「純資産」

貸借対照表の左側には、会社の「資産」——現金とか売り物の商品とか、土地建物とかが並んでいます（☞66ページ）。しかしその資産には、必ず元手がかかっているはずです。

その元手がどこから来たものなのか、銀行からの借金なのか、自前の資本金なのか、といったことをあらわしているのが右側です。ですから右側は、よそから借りているお金である「負債」と、会社自体のお金である「純資産」に分けられています。

負債の中身は、会社が振り出してまだ決済されていない手形や、まだ支払っていない商品代金、借入金などです（☞100ページ）。一方、純資産は、簡単にいうと株主が出資した資本金と、会社のこれまでの利益の内部留保で構成されています（☞114ページ）。

貸借対照表はこんなに簡単な構造

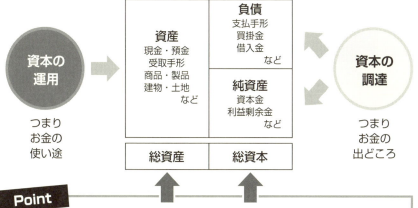

Point
総資産の金額と総資本の金額は一致する──
つまり「資産＝負債＋純資産」という式が成り立ちます

「資本」の調達金額と運用金額は一致する

　この負債と純資産が、会社の事業の元手となっているお金です。このような元手のことを「**資本**」といい、負債を「**他人資本**」、純資産を「**自己資本**」ということもあります。

　つまり、貸借対照表の右側＝2つの資本はお金の出どころで、貸借対照表の左側＝資産はお金の使い途という関係です。これをそれぞれ、資本の「**調達**」「**運用**」といいます。

　もっとも、具体的にどの資産がどの資本で賄われていると決めつけることはできません。しかし、お金の出どころの合計とお金の使い途の合計は必ず一致するはずです。

　つまり、資本の調達と、資本の運用は一致します。ですから、**貸借対照表の左側の合計＝総資産と、右側の合計＝総資本はバランスする──一致する**のです。

05 「損益計算書」でわかる会社の5つの利益とは？

損益計算書は「収益－費用＝利益」の形

次に「損益計算書」を見てみましょう。英語では利益＝プロフィット、損失＝ロスなので、略して「P／L」（Profit & Loss）と書くこともあります。

貸借対照表の「資産＝負債＋資本」と同様にあらわせば、損益計算書の構造は「**費用＋利益（損失）＝収益**」という形です。しかしこれではわかりにくいので、一般的な損益計算書はこれを変形して「**収益－費用＝利益（損失）**」の形になっています。

この式からわかるように、「収益」とは利益のことではありません。収益から費用を引いたものが利益です。

たとえば、会社の売上は収益ですが、売上の全部が儲けになるわけではありませんね。商品の原価や人件費、諸経費などを差し引いたものが、会社の儲け＝利益になるのです。

いろいろな収益と費用から5つの利益が計算される

次項で説明しますが、収益や費用にもいろいろな性質のものがあるので、損益計算書では段階を追って5つの利益を計算します。右の図の「**売上総利益**」「**営業利益**」「**経常利益**」「**税引前当期純利益**」、そして「**当期純利益**」の5つです。

売上総利益はすべての利益の大もとになる利益、営業利益は会社の本業の利益、経常利益は会社の通常の状態の利益という意味があります。

さらに税引前当期純利益が計算され、そこから税金などを差し引いたものが最終的な当期純利益になるのです。

利益を計算する損益計算書の構造とは？

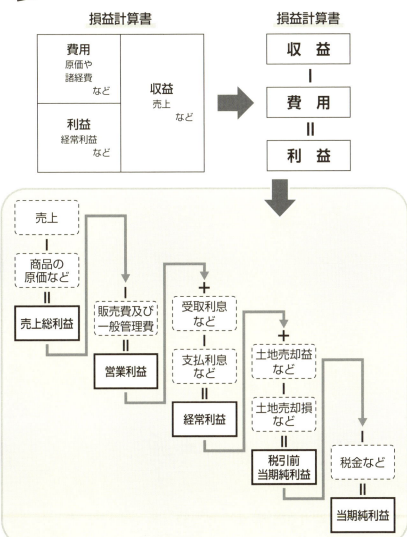

Point

収益や費用にはいろいろな性質のものがあるので
損益計算書では段階を追って5つの利益を計算します

5つの利益を計算する
3つの収益、5つの費用

「売上総利益」「営業利益」を計算する

　損益計算書で、5つの利益が計算されるプロセスを見てみましょう。右の図を見てください。

　損益計算書は「収益−費用＝利益」ですから、最初は収益、「**売上高**」です。その期間の売上をあらわす金額で、これが会社のすべての利益の源泉になります。

　売上高から差し引く費用は、商品や製品の原価＝「**売上原価**」です。そして最初の利益、「**売上総利益**」が計算されます。

　売上総利益は「**粗利益**」「**あらり**」とも呼ばれ、これが大きいほど、これ以下の費用を回収して営業利益や経常利益を出す力が強くなります。

　売上総利益からもうひとつ、費用である「**販売費及び一般管理費**」を差し引いたものが「**営業利益**」です。販売費及び一般管理費とは、要するに経費のこと（☞60ページ）。売上原価にならない人件費や、水道光熱費、通信費といったものが含まれます。

　こうして計算された営業利益は、会社の本業から生み出された利益といえるでしょう。

「経常利益」「税引前当期純利益」「当期純利益」を計算する

　では、会社の本業以外の収益と費用にはどんなものがあるでしょうか？　たとえば、預金の利息や、保有している他社株式の配当金といった収益があります。また逆に、金融機関からの借入金などがあれば、利息の支払いという費用も発生しているはずですね。

　これらはそれぞれ「**営業外収益**」「**営業外費用**」といい、営業利

5つの利益、3つの収益、5つの費用とは？

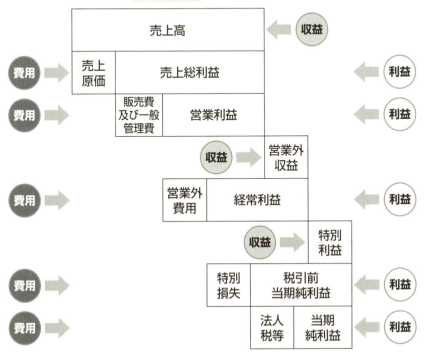

益にそれらをプラス・マイナスしたものが「**経常利益**」となります。

経常利益は、会社の経常的な状態の利益です。預金をすることや借入れをすることは、会社の本業ではありませんが、会社にとって当たり前で必要なことだからです。

では、当たり前でない収益や費用が発生したら？ それが次の「**特別利益**」と「**特別損失**」です。たとえば、事業に使っていた土地や建物を売ったら売却益が出た、逆に売却損が出たという場合がありますね。その場合がこれにあたります。

経常利益に特別利益と特別損失をプラス・マイナスしたものが「**税引前当期純利益**」です。ここから法人税、住民税、事業税などを差し引くと「**当期純利益**」になります。これが最終的な利益です。

「キャッシュフロー計算書」はなぜ必要なのか

🏢 キャッシュフロー計算書の構造は

　第三の決算書は「キャッシュフロー計算書」です。後で詳しく説明しますが（☞152ページ）、会社の事業活動のうちキャッシュ（現金と現金同等物）の流れだけを取り出した決算書で、C／FとかC／S（Cash flow Statement）と表記することもあります。

　ちなみに、一般的には「キャッシュフロー」と表記しますが、金融商品取引法などでは「キャッシュ・フロー」という表記です。

　キャッシュフロー計算書では、右の図のように、会社の事業活動を「**営業活動**」「**投資活動**」「**財務活動**」の３つに区分して見ます。

　そして、本業の営業活動でキャッシュがきちんと生み出されているか、生み出されたキャッシュはどこにどう投資されているか、不足分を財務活動で調達しているのか、それとも余剰分を借入金の返済にあてているのか……というようにキャッシュの流れを見ていくわけです。

　もちろん、末尾では全体としてのキャッシュの増減額、期首と期末の残高も表示されます。

🏢 「キャッシュは事実、利益は意見」の意味

　それにしても、決算書としては損益計算書で利益を計算しているのに、わざわざキャッシュだけを取り出して見る決算書が、なぜ必要なのでしょうか？

　これについては「キャッシュは事実、利益は意見」という格言があります。

　というのは、利益というものは、収益から費用を引いて計算され

キャッシュフローは３つの活動に区分して見る

キャッシュフロー計算書

営業活動による キャッシュフロー	←	営業活動の損益、受取利息・受取配当金、支払利息、法人税等の支払額など
投資活動による キャッシュフロー	←	有価証券・有形固定資産の取得・売却による支出と収入、貸付金による支出と収入など
財務活動による キャッシュフロー	←	借入金による収入と支出、社債・株式の発行・償還による収入と支出など
現金及び現金同等物の増減額 現金及び現金同等物の期首残高 現金及び現金同等物の期末残高	←	３つのキャッシュフローを合計した増減額と、期首・期末の残高

るという性質から（☞20ページ）、たとえば会計処理の方法を変えただけでも簡単に変化します。会計方針に関する事項が、決算書の注記事項とされているのはそれがあるからです（☞17ページ）。

しかしキャッシュには、経営者や会計の担当者が意見をはさむ余地がありません。現実にあるものしか計算できないのです。

このことから、**キャッシュフローこそが会社の実力、真の経営成績を示す**とされています。

また、損益計算書でいくら利益が出ていても、資金繰りに失敗すれば「黒字倒産」ということがありえますね。貸借対照表と損益計算書だけでは、どうやっても資金＝キャッシュの流れはつかめないからです。

その点からも、キャッシュの流れをきちんと把握するキャッシュフロー計算書は重要です。

08 「株主資本等変動計算書」はどんな決算書？

貸借対照表の純資産の変動がわかる

4番目の決算書は「**株主資本等変動計算書**」といいます。実は、経営分析にはあまり用いないのですが、この決算書でしかわからないこともあるので、ここで見ておきましょう。

後で紹介する機会もないので、ひな型をお見せしておきます。右が株主資本等変動計算書のひな型です。英語ではStatements of Shareholders' equityで、「Ｓ／Ｓ」とも表記します。

文字どおり、株主資本等の変動を計算する決算書ですが、ここでいう株主資本等とは貸借対照表の純資産の部のことです（☞114ページ）。ですから、ひな型の横の行には純資産の項目とほぼ同じ内容が並んでいます。

変動の明細がわかって会社の姿勢がわかる

一方、縦の列は期首残高、期中の変動額、期末残高という並びです。そこでたとえば、「繰越利益剰余金」を上から下に見ていくと、期首の残高があり、「剰余金の配当」の行で減少があるので、繰越利益剰余金から株主への配当が行なわれたことがわかります。

さらに、「当期純利益」の行で増加があるので、当期純利益を繰越利益剰余金に繰り入れたとわかるわけですね。そして「事業年度中の変動額合計」がどれだけあり、最後に期末の残高がどうなったかがわかります。

同様に、「新株の発行」「自己株式の処分」などについて知ることも可能です。

こうした情報から、たとえば株主への配当が厚い会社、内部留保

これが株主資本等変動計算書のひな型

株主資本等変動計算書
（自令和○年○月○日　至令和○年○月○日）
（単位：百万円）

← 貸借対照表の純資産の項目 →

期首の残高 → 期中の変動額 → 期末の残高

	株主資本									
	資本金	資本剰余金			利益剰余金			自己株式	株主資本合計
		資本準備金	その他資本剰余金	資本剰余金合計	利益準備金	その他利益剰余金	利益剰余金合計		
						○○積立金	繰越利益剰余金			
令和○年○月○日残高	×××	×××	×××	×××	×××	×××	×××	×××	△×××	×××
事業年度中の変動額										
新株の発行	×××	×××		×××						×××
剰余金の配当					×××		△×××	△×××		△×××
当期純利益							×××	×××		×××
自己株式の処分									×××	×××
○○○○○										
株主資本以外の項目の事業年度中の変動額（純額）										
事業年度中の変動額合計	×××	×××	－	×××	－		×××	×××	△×××	×××
令和○年○月○日残高	×××	×××	×××	×××	×××		×××	×××	△×××	×××

	評価・換算差額等				新株予約権	純資産合計
	その他有価証券評価差額金	繰延ヘッジ損益	土地再評価差額金	評価・換算差額等合計		
令和○年○月○日残高	×××	×××	×××	×××	×××	×××
事業年度中の変動額						
新株の発行						×××
剰余金の配当						△×××
当期純利益						×××
自己株式の処分						×××
○○○○○						
株主資本以外の項目の事業年度中の変動額（純額）						
事業年度中の変動額合計	×××	×××	×××	×××	×××	×××
令和○年○月○日残高	×××	×××	×××	×××	×××	×××

期首の残高 → 期中の変動額 → 期末の残高

← 貸借対照表の純資産の項目 →

が多くて安全な会社、といった会社の姿勢がわかります。

また、自己株式の取得は株式公開会社にとって株価上昇の要因ですが、それを売却する自己株式の処分は下落の要因です。株式投資にあたっては、重要な情報になるでしょう。

新株の発行は株価上昇、下落、両方の要因になりえます。

4つの主要決算書はどこでどうつながっているのか

貸借対照表は「ストック」、3つの計算書は「フロー」

　それでは、4つの主要決算書はどういう関係にあるのでしょうか。これを知るには、「**ストック**」と「**フロー**」という考え方を理解する必要があります。

　ストックは**一定時点での貯蔵量**、フローは**一定期間に流れた量**といった意味のことばです。そこで、4つの決算書について考えてみると、貸借対照表は資産・負債・資本のストックをあらわし、損益計算書は収益・費用・利益のフローをあらわすことがわかります。

　また、キャッシュフロー計算書はキャッシュのフローを、株主資本等変動計算書は純資産のフローをあらわす決算書です。

　つまり、ストックは「一定時点での貯蔵量」ですから、貸借対照表は期末時点（決算日）の資産・負債・資本をあらわしています。

　それに対してフローは「一定期間に流れた量」ですから、期首（前決算日の翌日）から期末（決算日）の期間の、収益・費用・利益、キャッシュ、純資産の流れ＝動きをあらわすというわけです。

　ですから、ストックをあらわす貸借対照表には「○年○月○日現在」と一定時点が表示されているのに対し、3つの計算書には「自○年○月○日　至○年○月○日」と一定期間が表示されています。

4つの決算書でストックとフローの全体がわかる

　要するに会社の事業年度は、期首（前期末）の資産・負債・資本のストックからスタートし、期中の事業活動によって収益・費用・利益、キャッシュ、純資産にフローが生じて、その結果が期末のストックになるということなのです。

事業の全貌はストックとフローでわかる

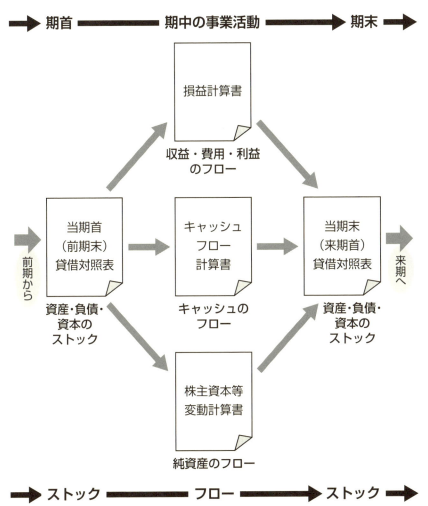

　そして、その全体をあらわすのが４つの主要決算書です。決算書が４つも必要な理由が、ここからもわかりますね。
　もちろん会社は、前期以前からこのサイクルを繰り返していて、来期以後もこのサイクルを繰り返すことになります。

10 よその会社の決算書はどうすれば見られる？

上場企業はホームページや「EDINET」で

　以上のような主要決算書をもとに、経営分析を行なうわけです。前にも説明したように（☞14ページ）、日本のすべての会社は決算書の作成を義務づけられているので、決算書がない会社はありえません。

　自社の経営分析を行なうなら、経理担当部署に行けばすぐに見せてもらえるでしょう。では、同業他社や取引先、株に投資したい会社などの決算書は？

　株式公開企業はほとんどの場合、ホームページで決算書を公開しています。「ＩＲ」（投資家に対する広報活動）などのキーワードで検索すれば、比較的簡単に見つかるはずです。

　もしホームページに掲載していなくても、金融庁が運営する「ＥＤＩＮＥＴ」というデータベースで、誰でも、有価証券報告書の閲覧やダウンロードができます。

　「**有価証券報告書**」というのは、株式公開会社が作成・公開を義務づけられている報告書で、そのなかには必ず決算書（財務諸表）が含まれているのです。

　また、取引先などの場合は、どうしても経営分析が必要なら、決算書の提出をお願いすることができるかもしれません。

非上場企業では統計データを利用する手も

　しかし一般的には、株式未公開の他社の決算書を見ることは、かなり困難です。たとえば、自社の経営分析を行なって、業界内での自社のポジションを知るために、同業他社の決算書を見たいと考え

比較するための決算書はどこで見られるか

上場企業

企業のホームページや
EDINETで見られる

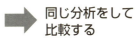
同じ分析をして
比較する

非上場企業

平均などを調べた
統計を利用する手も

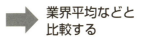
業界平均などと
比較する

Point
経営指標は業種・業態によってある程度の幅があるので
比較するときは必ず同じ業界の他社、統計と比較します

ても、ほとんどの場合は手だてがないでしょう。

そのような場合には、業界の平均などを調べたさまざまな統計データを利用する手があります。特定の同業他社と比較する代わりに、業界の平均と比較して見るわけです。

たとえば、中小企業庁は毎年「中小企業実態基本調査」を実施し、中小企業の財務面や経営面のデータを公表しています。これは中小企業庁のホームページで、誰でも見ることができるものです。

このような統計から業界平均の経営指標を計算し、比較して一定の目安とすることができます。この本で目安としてあげているのも、中小企業実態基本調査（令和5年確報、令和4年度決算実績）から計算した経営指標の数値です。

ただし経営指標は、業種・業態によってある程度の幅があります。比較する際は、同じ業界で比較することに注意してください。

大企業では「連結財務諸表」や「包括利益計算書」も

企業グループ全体の成績をあらわす「連結財務諸表」

　大企業の決算書を見ようとして、ＩＲ情報などのウェブページを開くと、これまで説明したのとはちょっと違う決算書が出てくることがあります。

　ひとつは、「連結○○」と頭に付いた決算書（**連結財務諸表**）です。

　これは、企業グループをひとつの組織とみなして、「連結貸借対照表」「連結損益計算書」「連結キャッシュフロー計算書」「連結株主資本等変動計算書」をつくるというもので、企業グループ各社の財務諸表を集計して作成されています。

　現在では、企業グループを構成している会社については「**連結会計**」が導入され、連結財務諸表のほうが主で、会社ごとの財務諸表（個別財務諸表）は従という位置づけです。

　個別では黒字の会社もあれば赤字の会社もあり、グループとしての成績はわかりませんね。連結なら全体をつかむことができるので、連結財務諸表のほうが重視されるようになっているのです。

　なお、有価証券報告書などの貸借対照表は、個別でも連結でも、左右に分けて表示されていないことがあります。

　これは、「財務諸表等の用語、様式及び作成方法に関する規則」（財務諸表等規則）が前事業年度と当事業年度の併記を求め、左右に分けて表示することを求めていないからです。

「包括利益」って何のことだろう

　もうひとつは、「財政状態計算書」「包括利益計算書」「持分変動計算書」など、従来とは名前からして違う財務諸表です。それぞれ、

大企業のホームページなどで見られる財務諸表

連結会計にもとづく財務諸表	IFRSにもとづく財務諸表
連結貸借対照表	財政状態計算書
連結損益計算書	包括利益計算書
連結キャッシュフロー計算書	キャッシュフロー計算書
連結株主資本等変動計算書	持分変動計算書

Point
連結会計にもとづく財務諸表は義務づけられていますが
IFRSにもとづく財務諸表は義務づけられていません

頭に「連結」が付いていることもあります。
　こちらは「**国際財務報告基準**」(International Financial Reporting Standards＝ＩＦＲＳ、イファース) にもとづく財務諸表です。それぞれ貸借対照表、損益計算書などに対応しますが、内容は大きく異なります (キャッシュフロー計算書はほぼ同じ)。
　とくに、「**包括利益**」は従来の利益とは違い、当期純利益に株価や為替、金利などの変動による利益などが加わっていて、財務諸表の国際的な流れに沿ったものです。
　現在のところ、包括利益の表示は有価証券報告書の連結財務諸表に義務づけられています。
　ＩＦＲＳにもとづく財務諸表の公開自体は、義務づけられていませんが、海外での事業や資金調達が大きな企業、ＩＦＲＳを先取りしている企業などでは、こちらも公開しているというわけです。

「継続企業の前提」

　決算書には、実は重要な大前提があります。それは、会社が、翌期も、その後も、リクツのうえでは永遠に続いて、事業を行なっていくということです。

　これを「**継続企業の前提**」、英語では「**ゴーイング・コンサーン**」といいます。決算書は、この前提のうえに立ってつくられているのです。

　たとえば、建物などの固定資産は、事業が続くことを前提として減価償却が行なわれ、費用になっていきますね。もし、つぶれる会社とわかっていたら、建物は売り払った場合の処分価格で評価することになるでしょう。

　このように継続企業の前提は重要なので、問題がある場合は決算書に注記することになっています。

　会社の経営者は、少なくとも決算日から1年間、事業が継続することについて重要な問題がある場合は、その内容と、決算書が継続企業の前提のうえに立って作成されていること（ゴーイング・コンサーン情報）を注記しなければなりません。

　また、公認会計士も、ゴーイング・コンサーン情報を記載しないでよいかを判断して、記載がある場合には、その旨を監査報告書の追記情報に加えて、注意を喚起することになっています。

2章

それでは経営分析を始めよう
──会社の総合力を見る

Business Analysis

12 決算書のどこをどう見れば何がわかるのか

実数で見るか、比率で見るか

　決算書のことをザッと知ったところで、いよいよ経営分析の話に入りましょう。最初に説明したように（☞12ページ）、経営分析は、信用取引や投資のために他社を分析する場合と、自社の経営のために自社を分析する場合があります。自社を分析するのは「**内部分析**」、他社を分析するのが「**外部分析**」です。

　外部分析ではほとんどの場合、公表された決算書の数字しか使えません。しかし内部分析では、会社の内部データも利用できますね。そこでたとえば、全社の労働時間の合計といったデータを利用すると「人時生産性」（☞138ページ）なども分析できるのです。

　また経営分析では、数字を直接見たり比較したりする場合と、経営比率を計算して見る場合があります（☞14ページ）。

　たとえば、キャッシュフロー分析では「営業キャッシュフロー」や「投資キャッシュフロー」の数字を直接見ますが（☞156、158ページ）、このような分析が「**実数分析**」です。それに対して、多くの経営指標が行なうように比率を計算するのは「**比率分析**」といいます。

　比率分析のうちでも、たとえば「総資本経常利益率」（☞40ページ）のように、2つ以上の数字の関係を比率で見るのは「**関係比率法**」です。これに対し、ある項目を100として内訳をパーセントであらわす方法もあり、これは「**構成比率法**」と呼ばれます。

　比率分析の一種としては、「回転率」「回転期間（日数）」もよく利用されるものです。たとえば「商品回転率」（☞72ページ）は、事業年度の間に商品の在庫が何回入れ代わったかを、○回転とあら

いろいろな経営分析で決算書を見る

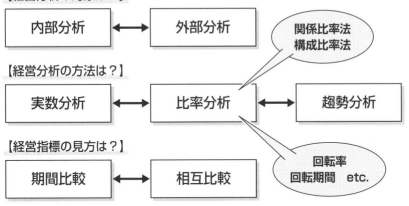

Point

経営分析を行なう目的によって
いろいろな分析を使い分けることが大切です

わします。また、何日分の在庫をもっているかを、〇日とあらわすのが「商品回転期間（日数）」です。

実数分析、比率分析のほかに、基準の年度を100として指数であらわす方法もあります。これは「**趨勢分析**」といいます。

 期間で比較する、相互に比較する

では、計算された数字はどのように見ればよいのでしょうか？

たとえば自社や他社の前々年、前年の数字と比較して見るのを「**期間比較**」といいます。それに対して、他社の数字や業界平均の数字と比較して見るのが「**相互比較**」です。

期間比較では自社や他社の財政状態や経営成績の趨勢＝トレンドがわかり、相互比較では他社との違いや位置関係、業界でのポジションなどがわかります。

13 経営分析をすると会社の何が見えてくる？

会社の「収益性」が見えてくる

　次に、会社の何を見る経営分析かという視点から分類すると、「収益性分析」「安全性分析」「生産性分析」「成長性分析」などに分けることができます。

　「**収益性**」とは、後で詳しく説明しますが（☞56ページ）、会社が、事業に投下した資本に対してどれだけの収益や利益をあげているかを見る視点です。

　たとえば、1億円の売上（収益）をあげていても、そのために9,900万円の元手（資本）をかけている会社は、決して成績がよいとはいえませんね。「収益性が低い」のです。

　それに対して、たとえ1,000万円の売上でも、800万円の元手であげている会社は「収益性が高い」といえます。

「安全性」「生産性」「成長性」も見えてくる

　一方、会社の短期的、長期的な安全性を見るのが「**安全性分析**」です。短期的には、借金や後払いの仕入代金＝負債の支払能力を見たり、長期的には負債と自己資本（☞19ページ）の割合を見たりします。

　また、ヒト・モノ・カネ・情報といった経営資源が効率よく働いているかを見る「**生産性分析**」、会社が成長しているのか衰退しているのか、成長しているならどれくらい成長しているかを見る「**成長性分析**」の分類も一般的です。

　このような会社の収益性、安全性、生産性、成長性を見るために、それぞれ適した経営指標があります。それらは、おいおい見ていく

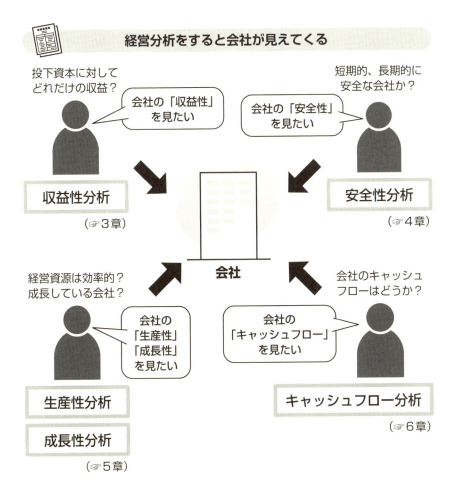

ことにしましょう。

このほか、短期の安全性を「**流動性**」に分類したり（☞100ページ）、資本が効率的に活用されているかを「**効率性**」と呼んだりする分類もありますが、この本では上記の4分類に従ってそれぞれの経営指標を説明しています。それが3章、4章、5章の内容です。

また、キャッシュフローの数字を用いて行なう「**キャッシュフロー分析**」は、キャッシュフロー経営（☞150ページ）が重視される今日ではとくに重要です。これも6章として、章を立てて説明することにします。

14 会社の総合的な「収益力」を見る
総資本経常利益率

総資本と経常利益から会社の総合力がわかる

それではいよいよ、経営分析を始めましょう。まずは「**総資本経常利益率**」という経営指標を取り上げます。

総資本経常利益率は、**収益性を見る代表的な経営指標**で、数ある収益性の指標のなかでも、総合的な会社の収益力がわかる指標です。いわば、会社の総合力がわかるといっていいでしょう。

ここでいう「**収益力**」とは、より小さな元手(資本)でより大きな収益や利益をあげる力のことです(☞56ページ)。

総資本経常利益率では右の式のように、会社の基礎体力を示す経常利益と、会社の資本の総合計である総資本の比率を計算するので、会社の収益力が総合的にわかるのです。

総資本経常利益が4％を超えていればOK

計算は右の図のように、損益計算書の経常利益を、貸借対照表の総資本＝負債と純資産の合計で割ります。貸借対照表では、総資本を「負債・純資産合計」と表記するのが一般的です。

その結果、計算された総資本経常利益率が、4％を超えていればまずはOKと考えていいでしょう。

ただし業種業態によっては、構造的な理由から総資本経常利益率が低い場合もあります。たとえば小売業では、製造業やサービス業に比べて総資本経常利益率が低くなるのが一般的です。

実際に計算してみたときは、右の表の中小企業実態基本調査で最も近い業種を探して比較し、参考にするとよいでしょう。

総資本経常利益率を計算してみる

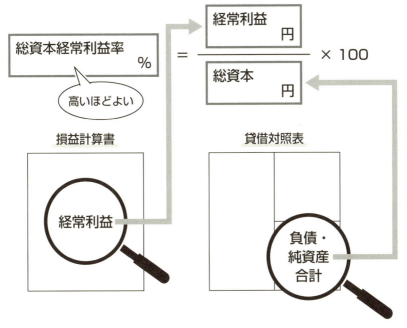

同業他社と比べて見る！（「中小企業実態基本調査」（令和4年度決算実績）より）	
建設業	5.6%
製造業	4.9%
情報通信業	6.7%
運輸業、郵便業	2.1%
卸売業	4.6%
小売業	4.3%
不動産業、物品賃貸業	3.1%
学術研究、専門・技術サービス業	6.3%
宿泊業、飲食サービス業	1.2%
生活関連サービス業、娯楽業	2.5%
サービス業（他に分類されないもの）	5.1%

Point

総資本経常利益率が4％を超えていれば、まずはOK！

41

15 会社の収益力の中身を分解してみると…

「売上高経常利益率」と「総資本回転率」に分解できる

　総資本経常利益率、すなわち会社の総合的な収益力は何によって決まるのでしょうか。計算式のうえでは、より小さな総資本でより大きな経常利益をあげればよいことになります。しかし、これは簡単なことではありません。

　そこで、総資本経常利益率の計算式を分解してみましょう。右の図のように、分母と分子にそれぞれ「売上高」を掛けてみるのです。すると、総資本経常利益率は「売上高経常利益率」と「総資本回転率」の掛け合わせであることがわかります。

　売上高経常利益率は後で説明するように（☞44ページ）会社の「稼ぐ力」を示す指標です。一方、総資本回転率（☞48ページ）は「資本の有効活用度」をあらわします。つまり、会社の総合的な収益力は「稼ぐ力」と「資本の有効活用度」で決まるとわかるのです。

どちらがアップしても総資本経常利益率が向上する

　この分解式は、次のように活用することもできます。

　たとえば、自社の総資本経常利益率を計算して、平均よりも低かった場合、単に経常利益を増やす、総資本を減らすと考えたのでは、適切な対策が浮かびません。

　そこで、売上高経常利益率を上げる、すなわち事業の利益率を上げると考えてみるのです。あるいは、総資本回転率を上げる、すなわち同じ総資本で売上高を増やすと考えてもよいでしょう。どちらがアップしても、総資本経常利益率は向上します。

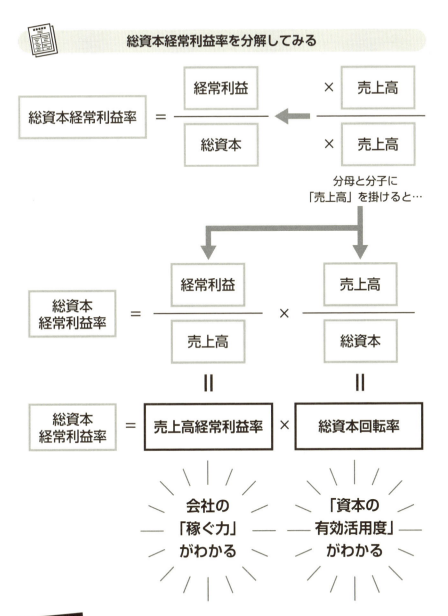

16 会社の「稼ぐ力」がここでわかる
売上高経常利益率

分解式の左側は総合的な「稼ぐ力」をあらわす

　総資本経常利益率の分解式の左側、「**売上高経常利益率**」について少し詳しく見てみましょう。

　売上高経常利益率は、売上高に対する経常利益の割合ですから、経常利益を稼ぎ出す力をあらわします。そして経常利益は、営業外の損益も含む、会社の経常的な状態での利益ですから（☞20ページ）、会社の**総合的な「稼ぐ力」を示す**といえるのです。

売上高経常利益率は必ず業界平均と比較する

　ただし売上高経常利益率は、業種によってバラツキが大きい指標です。これは、業種によって原価や人件費の水準が異なることに理由があります。

　たとえば卸売業や小売業では、扱う商品が同じならどうしても価格競争に巻きこまれ、薄利多売の方向に走らざるをえません。業界全体としてその方向に走るので、業界平均の売上高経常利益率は高くならないのです。

　これに対して、たとえば学術研究、専門・技術サービス業では、価格でなく技術やサービスで同業他社との差別化ができます。ですから、ある程度の利幅を乗せた価格を設定して、経常利益率を高く保つことが可能なわけですね。

　このことから、売上高経常利益率は**業界平均と比較することが重要**であるとわかります。

　販売業などで、業界内で突出した比率を実現しようとしても、それはかなり困難です。

売上高経常利益率は会社の「稼ぐ力」

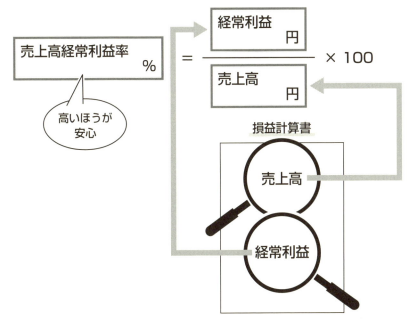

同業他社と比べて見る！（「中小企業実態基本調査」（令和4年度決算実績）より）	
建設業	5.2%
製造業	5.1%
情報通信業	6.5%
運輸業、郵便業	1.9%
卸売業	2.7%
小売業	2.6%
不動産業、物品賃貸業	10.9%
学術研究、専門・技術サービス業	9.5%
宿泊業、飲食サービス業	1.3%
生活関連サービス業、娯楽業	2.8%
サービス業（他に分類されないもの）	4.3%

売上高経常利益率は業種によりバラツキが大きい

17 「資本の回転」とはいったいどういうこと？

 ### 会社は資本を回転させて事業を行なう

総資本経常利益率の分解式の右側は「**総資本回転率**」です。でも、資本が回転するとは、いったいどういうことなのでしょうか？

会社は、たとえば販売業なら、資本＝元手となるお金で商品を仕入れ、人件費や諸経費を使って営業活動を行ないます。そして商品が売れると売上となり、その売上の代金を回収すると再びお金に戻るわけです。

会社はそのお金を使って再度、商品を仕入れ、営業活動→売上→代金回収→お金…という事業活動を行ないます。会社はこのサイクルを繰り返して、事業活動を続けるのです。

このサイクルの1回が、資本の1回転です。

 ### 資本の回転は速いほうがよい

では、資本の回転は速いほうがよいでしょうか？　遅いほうがよいでしょうか？

これは右の図の例で考えてみると、すぐにわかるでしょう。

まず、図の左側のように、元手1,000万円で1年間に1,000万円の売上をあげたとします。回転の速さは、売上を元手の額で割って求められますから、この場合の資本の回転は1回転です。

しかし図の右側のように、元手500万円で同じ年1,000万円の売上をあげられたらどうでしょう。資本は2回転したことになります。もし、左側と同じ1,000万円の元手があったら、売上は2,000万円になった計算ですね。

資本の回転が速い＝資本の回転率が高いほど、資本が効率よく働

「資本の回転」とは要するにこういうこと

元手　1,000万円	元手　　500万円
↓	↓
売上　1,000万円	売上　1,000万円

$$\frac{売上\ 1,000万円}{元手\ 1,000万円} = この会社の資本は【1回転】$$

$$\frac{売上\ 1,000万円}{元手\ 500万円} = この会社の資本は【2回転】$$

Point
「資本の回転」が速い＝資本の回転率が高いほど
資本が効率よく働いたということをあらわします

いて、より大きな売上をあげていることがわかります。資本の回転は、速いほうがよいのです。

「資本の有効活用度」がわかる

　つまり、資本の回転の速さは、資本がどれだけ効率的に働いたかをあらわしています。

　これはことばを変えると、その会社が資本をどれだけ有効に活用したかということです。42ページで、総資本回転率が「資本の有効活用度」をあらわすと述べたのは、このことを示しています。

18 「資本の有効活用度」が見えてくる 総資本回転率

 ### 回転率が高いほど資本を有効に活用している

それでは「資本の有効活用度」をあらわす「**総資本回転率**」の式を見てみましょう。

前項で見たように、資本の回転は売上を元手で割って求めますから、分子には損益計算書の売上高をとります。

分母は、会社の元手＝資本の合計である総資本、つまり貸借対照表の負債・純資産合計です。回転率ですから、計算の結果はパーセンテージではなく◯回転となります。

回転の数が多い、すなわち資本の回転率が高いほど、より少ない資本でより大きな売上をあげていることになるので、資本を有効に活用している会社ということです。

 ### 資本が有効に活用されていないケースとは？

では逆に、資本を有効に活用していない会社とは、具体的にどういう会社でしょうか？

たとえば、商品の在庫管理がずさんで、ムダに多くの在庫を持っているケースが考えられます。あるいは、売掛金の回収をきちんと行なっていないために、常時、多額の売掛金を抱えている場合があるかもしれません。

こうしたムダな在庫や売掛金は、資本をふくらませる一方で、売上には貢献しませんから、総資本回転率を下げる結果になります。

このような原因を探るには、商品の在庫＝棚卸資産（☞68ページ）や売上債権（☞74ページ）ごとの回転率をチェックしてみるのも有効です。

総資本回転率で「資本の有効活用度」を見る

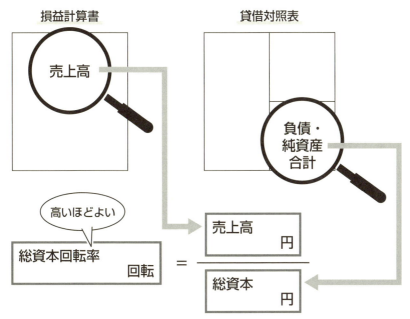

同業他社と比べて見る！（「中小企業実態基本調査」（令和4年度決算実績）より）	
建設業	1.09回転
製造業	0.96回転
情報通信業	1.03回転
運輸業、郵便業	1.09回転
卸売業	1.70回転
小売業	1.68回転
不動産業、物品賃貸業	0.28回転
学術研究、専門・技術サービス業	0.66回転
宿泊業、飲食サービス業	0.96回転
生活関連サービス業、娯楽業	0.90回転
サービス業（他に分類されないもの）	1.19回転

Point
回転が速い＝回転率が高いほど資本は有効活用されています

19 投資をするならここで総合力を見る
ROA（総資産利益率）

ROAが当期純利益で計算されるワケ

　上場会社（株式公開会社）の決算発表資料などでは、よく「ROA」「ROE」という用語が登場します。これはそれぞれ**総資産利益率**」「**株主資本利益率**」のことで、どちらも株式投資の際に重視される経営指標です。

　まず、「ROA」（アールオーエー）から説明すると、これは「Return On Assets」の略。直訳すると「資産に対する利益」の意味です。

　資産という用語が使われていますが、貸借対照表では総資産＝総資本なので（☞19ページ）総資本利益率ともいえます。

　ですから、**総資本経常利益率**なども広い意味のROAということになりますが、株式投資の指標としてのROAは分子が当期純利益です。なぜかというと、株主に対する配当の原資は当期純利益だからです。

　経営指標として総資本経常利益率がよく利用されるのは、経営を見る立場からは経常利益のほうが重要なためなのです。

ROAの計算のしかたは？

　ROAは、総資本経常利益率と同じく、企業に投下された資産（資本）がどれだけ効率的に利用されたかをあらわします。違いは、計算の対象とする利益が、株式投資にとって重要な当期純利益になっている点です。

　分母は総資産ですが、貸借対照表では一般に「資産合計」と表示されています。もちろん、総資本（負債・純資産合計）の数字をと

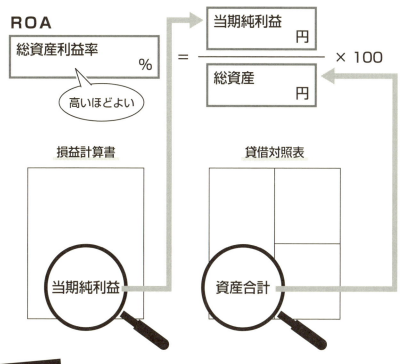

っても、計算の結果は変わりません。

上場会社で重視される指標なので、ここでは中小企業実態基本調査の数値は省略します。興味のある方は、上場会社のホームページなどでチェックしてみてください。

ＲＯＡやＲＯＥの数値があらかじめ計算されて、掲載されていることもあるし、それがなくても、損益計算書の当期純利益と貸借対照表の資産合計から簡単に計算できるでしょう。

20 投資した資本の効率はこれで測る
ROE（株主資本利益率）

 投資家は経営者の業績をROEで評価する

　次に「ROE」（アールオーイー）は「Return On Equity」の略、直訳すると「株主資本に対する利益」です。つまり資本は資本でも、株主が拠出した資本がどれだけ効率的に使われているかを問題にします。

　言い換えると株主の立場から、経営者が株主の出した資本をどれだけ効率的に使って、どれだけの利益をあげたかということです。ですから、投資家が経営者の業績を評価する指標として重視されています。

 分母の株主資本の計算に要注意

　計算式としては、分子をROAと同じ損益計算書の当期純利益とするのが一般的です。株主に対する配当は、当期純利益が原資ですからね（☞前項）。

　一方、分母は貸借対照表の純資産とすることもできますが、通常は純資産から新株予約権（☞115ページ）を除きます。新株予約権は、株主以外の新株予約権の権利者の持分なので、株主資本ではないからです。

　純資産の評価・換算差額等（☞115ページ）は、株主資本に含めて計算します。

　また、連結財務諸表では少数株主持分も差し引くのが厳密な計算方法です。少数株主持分とは、企業グループの親会社以外の少数株主が出資している分のこと。親会社の株主の持分ではないので、計算から除くわけです。

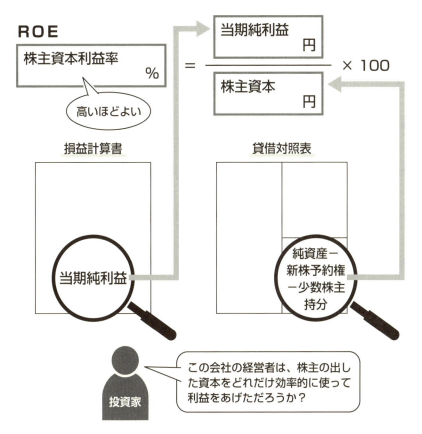

ROEは株主資本だけを問題にする

Point
ROEは10%以上が目安、15%以上ならかなり優秀！

　こうして計算した株主資本から計算したものが、より正確なROEとなります。上場会社のROEを比較する際などは、注意して見ましょう。

　投資家が経営者の業績を評価する際には、ROE10％以上がひとつの目安になっています。15％以上あれば、かなり優秀です。

「中小企業チェックリスト」

　中小企業の方が金融機関に融資を申し込んだ際など、決算書に「**中小企業チェックリスト**」の添付を求められることがあります。
　これは何かというと、決算書の会計処理方法についてのチェックリストなのです。最初から順を追って、ご説明しましょう。

　中小企業に、大企業が行なっているような厳密な会計処理をやれというのは酷なので、日本税理士会連合会などの４団体が、中小企業向けに少し簡素化した会計のルールを２つ作成・公表しています。
　ひとつは「中小企業の会計に関する指針」。もうひとつは「中小企業の会計に関する基本要領」です。
　「指針」のほうが少し大きめの中小企業向けで、「要領」はより基本的な内容に絞られています。
　この２つには、「適用に関するチェックリスト」がつくられていて、それが「中小企業チェックリスト」と呼ばれているのです。

　中小企業チェックリストは、決算書の作成に関わった税理士や公認会計士が、会社の代表取締役に提出する形になっています。各科目の残高の有無や、指針・要領にそった会計処理をしているかについて、ＹＥＳ、ＮＯで答える形式です。
　この本を読まれている中小企業の方は、ご存知かもしれませんが、ご存知ない方も覚えておくといいでしょう。いつか、必要になるかもしれませんから。

3章

会社の「稼ぐ力」を測る ──収益性分析

Business Analysis

21 「収益性が高い」「収益力が高い」とは？

 ひとつではない「収益性」の見方

　ここからは「**収益性分析**」の話に入ります。

　収益性分析は、現在の経営分析のなかでは最も基本的なものです。生産性分析や成長性分析を行なわない場合でも、収益性分析は必ず行なわれます。

　収益性分析で見る**収益力**とは、前にも軽くふれたように「小さな元手で大きな収益や利益をあげる力」ということができます。

　もう少し具体的にいうと、まず小さな資本で大きな利益をあげる力です。総資本経常利益率（☞40ページ）が、このタイプの指標ですね。

　次に、より小さな費用で大きな利益をあげる力も収益力です。費用も、元手のうちと考えることができます。

　ここで小さな費用とは、損益計算書の「収益－費用＝利益」の式（☞21ページ）から考えて、収益（売上）に占める利益の比率が大きいということを意味します。

　先に見た売上高経常利益率（☞44ページ）がこのタイプの指標ですが、ほかにもいくつかの売上高利益率があります（☞次項）。

　また、資本を有効活用することも収益力なのでした（☞47ページ）。総資本の回転を見る総資本回転率（☞48ページ）がその代表的な指標ですが、もっと細かく資本の回転を見ることもできます（☞68、70、74、76ページ）。

　さらに、より小さな収益（売上高）で利益を出す力も収益力です。損益分岐点という経営指標は、この考え方で売上高と収益、費用を分析します（☞78ページ）。

収益力をより具体的に見てみると

収益力
＝
小さな元手で大きな収益や利益をあげる力

- 小さな資本で大きな利益をあげる力
  「総資本経常利益率」
  「総資産利益率」
  「株主資本利益率」
  など

- 小さな費用で大きな利益をあげる力
  「売上高経常利益率」
  「売上高営業利益率」
  など

- 資本を有効活用する力
  「総資本回転率」
  「棚卸資産回転率」
  など

- 小さな収益で利益を出す力
  「損益分岐点」
  「限界利益率」
  など

 株式投資では「1株当たり」や株価も

　以上のようなさまざまな側面から見て、収益力にすぐれた会社を「収益力が高い」とか「収益性が高い」というのです。

　ですから収益性の分析は、たとえば資本と利益だけの分析では間に合いません。売上高や、さらには資本の使い途である資産の細かな分類まで視野に入れる必要があります。

　また株式投資にあたっては、1株当たりの利益や、株価との関係を見ることも重要です（☞88、90ページ）。

57

22 本業で「稼ぐ力」はここを見る
売上高営業利益率

売上高営業利益率で本業の効率がわかる

収益性分析の最初は「**売上高営業利益率**」から始めましょう。

営業利益は5つの利益のうちでも、会社の本業からあげた利益（☞22ページ）ですから、売上高営業利益率を計算すると、本業である営業活動で「稼ぐ力」がわかります。

営業利益はまた、経常利益より手前で計算される利益なので、通常は売上高営業利益率のほうが、売上高経常利益率より高くなります。もし売上高経常利益率のほうが高かったら、本業以外の営業外収益で利益をあげているということです。

トレンドを見ると営業活動の問題点も浮かび上がる

売上高営業利益率は、同業他社や業界の平均と比較することとともに、自社の前々年、前年の比率と比較してトレンドを見ることも大事です。つまり、相互比較だけでなく期間比較を行なうことが大切なのです（☞37ページ）。

もし、売上高営業利益率が低下の傾向にあるなら、販売費の効率や管理費の負担が増大している可能性があります。営業利益は、売上総利益から販売費及び一般管理費を差し引いて計算されるからです。

とくに、昨今の人手不足などで販売員や本社部門の人件費などが急増すると、営業利益の低下につながることがあります。

もっとも、そもそもの売上や利益率が下がっている可能性もありますね。本当はどこに問題があるのかチェックするには、損益計算書の中身をもう少し細かく見ておくことが必要です（☞次項）。

売上高営業利益率は会社の本業で「稼ぐ力」

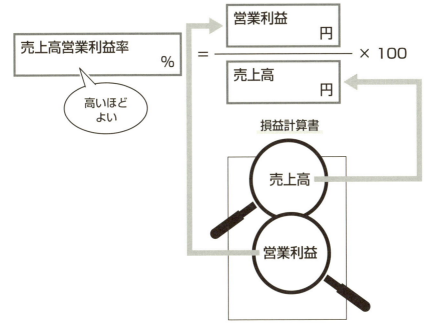

同業他社と比べて見る！（「中小企業実態基本調査」（令和4年度決算実績）より）	
建設業	3.9%
製造業	3.8%
情報通信業	5.4%
運輸業、郵便業	0.7%
卸売業	2.1%
小売業	1.3%
不動産業、物品賃貸業	11.2%
学術研究、専門・技術サービス業	6.9%
宿泊業、飲食サービス業	−3.9%
生活関連サービス業、娯楽業	0.6%
サービス業（他に分類されないもの）	3.3%

Point

売上高営業利益率はトレンドを見ることも大事

23 損益計算書の収益と費用を細かく見てみると…

売上高からは原価と諸経費が差し引かれる

　右が損益計算書のひな型の例です。これは、日本経済団体連合会（経団連）が公表している「会社法施行規則及び会社計算規則による株式会社の各種書類のひな型」の例で、一般に「経団連ひな型」と呼ばれています。

　これを見ながら、5つの利益を計算する収益と費用にはどんなものがあるのか、少し詳しく見ておきましょう。

　前にも簡単に説明したように（☞22ページ）、最初の収益は「**売上高**」です。売上高に対応する費用として、ここから「**売上原価**」が差し引かれます。これは、販売業の仕入原価、製造業では製造原価、建設業なら工事原価のことです。これで売上総利益が計算されます。

　次にもうひとつ、売上高に対応する費用として「**販売費及び一般管理費**」を差し引きます。販売費とは売上原価以外に販売のために必要な諸経費、広告費や通信費、販売員の人件費などです。

　しかし、会社で発生する費用は、販売のための経費だけではありませんね。家賃や光熱費、経理や総務など管理部門の人件費なども必要でしょう。これが一般管理費で、販売費と併せて「販売費及び一般管理費」となります。これを差し引いたものが営業利益です。

さらに営業外損益、特別損益、法人税等を差し引く

　営業利益からはさらに、営業外の収益を足して費用を差し引きます。「**営業外収益**」とは、受取利息や配当金、雑収入などのことです。「**営業外費用**」としては、支払利息や雑損などがあります。これら

損益計算書のひな型はこうなっている

損益計算書
(自令和〇年〇月〇日　至令和〇年〇月〇日)

(単位：百万円)

科　　　目	金	額
売上高		×××
売上原価		×××
売上総利益		×××
販売費及び一般管理費		×××
営業利益		×××
営業外収益		
受取利息及び配当金	×××	
その他	×××	×××
営業外費用		
支払利息	×××	
その他	×××	×××
経常利益		×××
特別利益		
固定資産売却益	×××	
その他	×××	×××
特別損失		
固定資産売却損	×××	
減損損失	×××	
その他	×××	×××
税引前当期純利益		×××
法人税、住民税及び事業税	×××	
法人税等調整額	×××	×××
当期純利益		×××

をプラス・マイナスしたものが経常利益です。

　経常利益からは「**特別利益**」「**特別損失**」をプラス・マイナスします。固定資産売却益、固定資産売却損などですが、たとえば設備投資に失敗して回収の見込み額が減った場合に、帳簿価額を下げた損失（減損損失）などもあります。

　こうして計算した利益は「**税引前当期純利益**」です。ここから法人税、住民税、事業税を差し引き、税法と企業会計のズレ（「**法人税等調整額**」）を調整すると、「**当期純利益**」になります。

24 稼ぐ力の源泉はここでわかる
売上総利益率

 売上総利益はすべての利益の源泉

　経営分析に話を戻すと、本業で稼ぐ力＝売上高営業利益率の源泉を見るためには「**売上総利益率**」を見ればよいことがわかります。売上総利益率とは、売上高に対する売上総利益の比率です。

　ですから本来は、売上高売上総利益率と呼ぶはずですが、一般に売上総利益率と呼び習わしています。

　損益計算書の構造からわかるように、売上総利益は最初に求められる利益なので、以下のすべての利益の源泉になります。これが十分に大きくないと、営業利益なども大きくはならないわけです。

 業種により売上原価の割合は変わるが…

　右の表の数字を見るとわかるように、売上総利益率も業種によってかなり違います。なかには平均で50％を超える業種もありますが、こうした業種は売上高に占める売上原価の割合が低いのです。

　その代わり、販売費及び一般管理費の割合が高く、それを差し引いた営業利益率は他の業種とさして変わらないこともあります。59ページの営業利益率の業界平均と比べてみてください。

　とはいえ、他のすべての利益の源泉になる利益ですから、どんな業種でもある程度の大きさは必要です。少なくとも20％はほしいところでしょう。

　また、売上高営業利益率と同様、トレンドを見ることも大切です。売上総利益率が低下傾向にあるときは、会社の収益構造そのものに問題が起きている可能性があります。

売上総利益率はすべての利益の源泉をあらわす

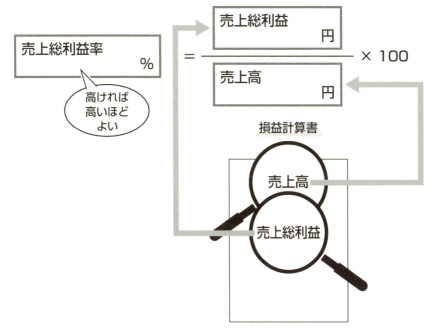

同業他社と比べて見る！（「中小企業実態基本調査」（令和4年度決算実績）より）	
建設業	23.1%
製造業	20.3%
情報通信業	47.6%
運輸業、郵便業	23.3%
卸売業	15.1%
小売業	30.3%
不動産業、物品賃貸業	45.2%
学術研究、専門・技術サービス業	49.4%
宿泊業、飲食サービス業	63.8%
生活関連サービス業、娯楽業	37.9%
サービス業（他に分類されないもの）	41.2%

Point

売上総利益率は、どんな業種でも20％はほしいところ

25 収益性のチェックは4段階で
売上高当期純利益率

構成比率法で「売上高○○利益率」がわかる

　ここまでで売上高に対する経常利益率、営業利益率、売上総利益率を見てきたので、次は税引前当期純利益をとばして「**売上高当期純利益率**」を取り上げます。右の表を見てください。

　この表は、売上高を100として、それぞれの利益の割合を構成比率であらわしています。つまり、関係比率法でなく「構成比率法」です（☞36ページ）。この表で、たとえば当期純利益の行は「売上高当期純利益率」と同じ数値になります。

4段階のチェックで問題点、原因を探る

　たとえば、売上高当期純利益率が平均よりよくないという場合、61ページの損益計算書の構造を思い出しながら、この表を下から上にさかのぼって見ていくと、原因を探ることができます。

　もし、経常利益率が普通なのに当期純利益率がよくないときは、その間の特別損益に原因があるということです。固定資産の売却損や、災害による特別損失があったのかもしれません。

　また、経常利益率もよくないが営業利益率は普通という場合は、その間の営業外損益が問題です。借入金の支払利息などが、利益を圧迫している可能性があります。

　営業利益率もよくないが売上総利益率はまあまあというケースでは、販売費及び一般管理費の中身をチェックする必要があるでしょう。ムダな経費や人件費がふくれあがって、営業利益を減らしていることなどが考えられます。

　そして、売上総利益率もよくないときは、売上原価の率が高すぎ

売上高当期純利益率ほかを構成比率法で見る

【収益と利益の百分比率表】※各業種従業員51人以上の企業の例

同業他社と比べて見る！（「中小企業実態基本調査」（令和4年度決算実績）より）

	建設業	製造業	情報通信業	運輸業、郵便業	卸売業	小売業
売上高	100.0	100.0	100.0	100.0	100.0	100.0
売上総利益	18.4	17.7	41.6	17.4	15.1	30.0
営業利益	5.7	4.6	6.6	1.8	2.4	2.3
経常利益	6.5	5.7	7.1	2.9	2.9	3.5
当期純利益	4.0	3.3	4.2	1.8	1.8	1.7

	不動産業、物品賃貸業	学術研究、専門・技術サービス業	宿泊業、飲食サービス業	生活関連サービス業、娯楽業	サービス業（他に分類されないもの）
売上高	100.0	100.0	100.0	100.0	100.0
売上総利益	32.2	35.0	61.9	30.8	35.2
営業利益	8.6	7.1	−1.9	0.6	4.3
経常利益	8.8	7.8	1.6	2.4	4.9
当期純利益	6.0	5.4	0.4	1.4	3.0

※中小企業実態基本調査では業種ごとの当期純利益の合計を算出していないので、ここでは各業種従業員51人以上の企業の比率を計算しています。

Point

収益性を4段階でチェックすると問題点、弱みだけでなく、長所、強みをつかむことができます

るのです。

　このように、収益性のチェックは4段階で進める必要があります。それによって、問題点や弱みだけでなく、よい数値から会社の長所や強みをつかむことができます。

26 貸借対照表の資産の部を細かく見てみると…

流動資産と固定資産などに分かれる

　前項の話で、決算書の中身を少し詳しく知っておくと、いろいろ役立つことがわかったでしょう。

　そこで今度は、同じく経団連ひな型から貸借対照表の左側＝「資産の部」を見ておきます。次項からの、回転率の話の理解にいろいろ役立ちますよ。

　貸借対照表の資産の部は、大きく「**流動資産**」「**固定資産**」「**繰延資産**」の３つに分かれています。ザックリいうと、１年以内に回収される（現金化される）のが流動資産で、そうでないのが固定資産です。これを「**ワンイヤールール**」といいます。

　繰延資産については、別の機会に説明しましょう（☞96ページ）。

流動資産は当座資産、棚卸資産、その他に分かれる

　流動資産は、貸借対照表上に区分表示はありませんが「**当座資産**」「**棚卸資産**」、その他に分けて見ることができます。当座資産は、現金・預金、受取手形など、現金か現金化しやすい資産です。なかでも受取手形と売掛金は、合わせて「**売上債権**」と呼びます。

　一方、棚卸資産は商品・製品など、売れないと現金にならない、少し現金化しにくい資産です。その他には、前払いした費用のほか、１年以内に回収される短期の貸付金などが含まれます。

　固定資産は比較的、常識でわかりやすいものが多いですが、土地・建物などの「**有形固定資産**」と、ソフトウェアなどの「**無形固定資産**」、それに投資有価証券などの「**投資その他の資産**」に分かれています。

貸借対照表の資産の部はこうなっている

貸借対照表
(令和〇年〇月〇日現在)

科　　目	金　額
（資産の部）	
流動資産	×××
現金及び預金	×××
受取手形	×××
売掛金	×××
有価証券	×××
商品及び製品	×××
仕掛品	×××
原材料及び貯蔵品	×××
前払費用	×××
繰延税金資産	×××
その他	×××
貸倒引当金	△ ×××
固定資産	×××
有形固定資産	×××
建物	×××
構築物	×××
機械装置	×××
車両運搬具	×××
工具器具備品	×××
土地	×××
リース資産	×××
建設仮勘定	×××
その他	×××
無形固定資産	×××
ソフトウェア	×××
リース資産	×××
のれん	×××
その他	×××
投資その他の資産	×××
投資有価証券	×××
関係会社株式	×××
長期貸付金	×××
繰延税金資産	×××
その他	×××
貸倒引当金	△ ×××
繰延資産	×××
社債発行費	×××
資産合計	×××

資産
- 流動資産
  - 当座資産
  - 売上債権
  - 棚卸資産
  - その他流動資産
- 固定資産
  - 有形固定資産
  - 無形固定資産
  - 投資その他の資産
- 繰延資産

3章　会社の「稼ぐ力」を測る──収益性分析

27 在庫を回転のスピードでチェック
棚卸資産回転率

資産ごとに回転率でチェックする

　前項で得た貸借対照表の知識を活かして、経営分析を進めましょう。「資本の回転」の話を思い出してください（☞46ページ）。

　資本の回転が速い、すなわち回転率が高いほど資本が有効活用されているのでした。資本回転率の式からは、売上高を大きくするか、総資本を小さくすれば資本の回転が早くなることがわかりますが、売上高を大きくするというのは言うは易く、です。

　そこで、資本を小さくすることを考えるときに役立つのが、資本の使い途である資産ごとの回転率です。まず「**棚卸資産回転率**」で考えてみましょう。

在庫は少ないほうがよい＝棚卸資産回転率は高いほどよい

　棚卸資産とは、商品・製品や原材料のこと、要するに会社の在庫です。ですから、「**在庫回転率**」ということもできます。

　ちなみに、仕掛品とは製造途中の製品、貯蔵品とは未使用の消耗品などのことです。

　いずれにしても、ムダな在庫を持つと資産がふくらみ、お金の出どころである資本もふくらみますから、資本の回転は遅くなります。在庫は少ないほどよいといわれるのが、このことからもわかりますね。棚卸資産回転率は、高いほうがよいのです。

　棚卸資産回転率が低い場合は、棚卸資産の中身ごとに「商品回転率」（☞72ページ）や「製品回転率」「仕掛品回転率」「原材料回転率」などを計算して、低い原因を探ることもできます。

棚卸資産回転率で在庫の効率を見る

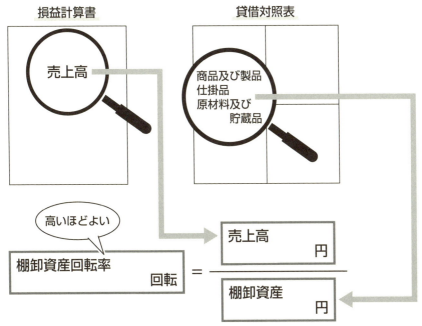

同業他社と比べて見る！（「中小企業実態基本調査」（令和4年度決算実績）より）	
建設業	10.41回転
製造業	7.55回転
情報通信業	28.91回転
運輸業、郵便業	107.85回転
卸売業	14.28回転
小売業	11.70回転
不動産業、物品賃貸業	5.00回転
学術研究、専門・技術サービス業	34.83回転
宿泊業、飲食サービス業	76.99回転
生活関連サービス業、娯楽業	66.74回転
サービス業（他に分類されないもの）	67.54回転

Point

ムダな在庫を持つと棚卸資産回転率が低くなります

28 何日分の在庫を持っているか？
棚卸資産回転期間

「回転期間」とはどういうものか

在庫などの指標では「**回転期間**」もよく使われます。在庫などが1年に何回転するかではなく、在庫の1回転に要する月数や日数であらわすものです。

在庫が何回転というより、在庫を何か月分、何日分持っていると考えたほうがわかりやすいので、実務でよく使われます。

このような回転期間の最も簡単な計算方法は、12か月を回転率で割ることです。たとえば、回転率が24回転なら「12÷24」で回転期間（月数）は0.5か月になります。また、365日を回転率で割ると、回転日数を求めることが可能です。

興味のある方は、前ページの棚卸資産回転率の表から自分の業界の「**棚卸資産回転期間**」を計算してみてください。

棚卸資産回転率が高く、回転期間が短いほどよい

回転率がわからないときは、分子に在庫などの額、分母に売上高をとって12か月を掛けると、回転率で割るのと同じ数値の「回転月数」が計算できます。365日を掛けた場合は「回転日数」です。

以上の方法で棚卸資産回転期間（月数）を計算してみると、右のようになります。

棚卸資産回転期間は、棚卸資産の1回転に要する期間ですから、回転率とは逆に**数値が低い＝回転期間が短いほどよい**ことに注意してください。回転期間が短いほど、回転率が高い＝資本の有効活用度が高いということです。

棚卸資産回転期間で在庫の効率を見る

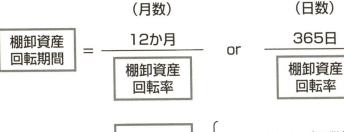

例

売上高　4億8,000万円　　棚卸資産　2,000万円

$$\text{棚卸資産回転率} = \frac{4億8,000万円}{2,000万円} = 24回転$$

$$\text{棚卸資産回転期間} = \frac{12か月}{24回転} = 0.5か月$$

$$\text{棚卸資産回転期間} = \frac{365日}{24回転} ≒ 15.2日$$

$$\text{棚卸資産回転期間} = \frac{2,000万円}{4億8,000万円} × 12か月 ≒ 0.5か月$$

$$\text{棚卸資産回転期間} = \frac{2,000万円}{4億8,000万円} × 365日 ≒ 15.2日$$

28 問題のある商品在庫はどれか？
商品回転率／商品回転期間

 棚卸資産回転率・回転期間を応用すると…

貸借対照表の棚卸資産の数字は、期末の一時点の数字ですから、必ずしも期中の在庫高を正確に反映しているとは限りません。

そこで、より正確を期すなら、前期と当期の貸借対照表を用意して、期首（前期末）と期末（当期末）の平均在庫高をとる方法があります。

また、内部分析で月次決算の数字が手に入る場合は、毎月末の平均在庫高をとるとより正確です。

さらに、前項、前々項で紹介した式には、分母と分子の数字のレベルが合っていないという問題もあります。というのは、貸借対照表の棚卸資産の数字は、仕入れた際の原価の数字です。それに対して売上高は、利益も含む収益の数字だからです。

資本の有効活用度を見るという目的からは、これでよいのですが、商品などの回転率・回転期間という意味ではやや正確性を欠きます。

何か別の目的で商品などの正確な回転率・回転期間を計算したいときには、**売上高を「売上原価」に代えてみる**のもひとつの方法です。これならば、分母も分子も原価のレベルになるので、実際の回転率・回転期間が計算できます。

 商品ごとの回転期間で問題を見つける

前にふれたように（☞68ページ）、棚卸資産回転率・回転期間は、もっと細かく「商品回転率・回転期間」「製品回転率・回転期間」などを分析することも可能です。考え方は棚卸資産回転率・回転期間と同じなので、興味のある方はトライしてみましょう。

商品ごとの回転期間で問題を見つける

$$個別商品別回転期間（日数） = \frac{商品在庫高}{商品売上高} \times 365日$$

商　品	在庫高	売上高	回転期間
A	5万円	608万3,000円	3日
B	16万円	265万5,000円	22日
C	38万円	213万4,000円	65日
D	15万円	391万1,000円	14日
E	42万円	1,022万4,000円	15日
合計／平均	116万円	2,500万7,000円	16.9日

　さらに、もし内部分析を行なっていて、たとえば商品ごとの平均在庫高、平均売上高といったデータがあるなら、商品ごとの回転率などを計算することもできます。

　資本の効率というよりは、商品ごとの販売効率を見ることになりますが、販売や在庫管理の計画を立案する際に役立つことでしょう。

　この場合は、回転日数を使うのがわかりやすいです。「在庫〇日分」と把握できますからね。

　商品ごとの回転日数を計算する式は上のようになります。これで回転日数を計算して、表のように整理してみるのです。すると、問題のある商品が見つかります。

　たとえば、Ｃ商品の回転日数が極端に長いのは、仕入れ過ぎたのか、あるいは売れないのか、チェックが必要です。また、Ａ商品は在庫が３日分しかありませんが、在庫切れを起こしたことはないのでしょうか。これも要チェックです。

30 売上の回収はうまくいっているか？
売上債権回転率／売上債権回転期間

売上債権で「資本の有効活用度」をチェックする

「資本の有効活用度」の話に戻りましょう。これをチェックするものとして、**棚卸資産と同じくらい重要なのが受取手形と売掛金**です。前にも説明したように、この2つを合わせて「**売上債権**」といいます。

棚卸資産回転率・回転期間と同じ考え方で「**売上債権回転率・回転期間**」が計算できます。

数字の見方も同じです。売上債権回転率が高いほど、売上債権回転期間は短いほど、資本の有効活用度が高いことをあらわします。

売上債権のなかに「滞留債権」があると…

売上債権回転率・回転期間がよくない場合、その原因としてはまず、代金回収のサイトが長いことが考えられます。取引先の振り出す手形のサイトが長かったり、取り決めた売掛金の支払条件のサイトが長いと、売上債権回転率・回転期間が悪くなるわけです。

しかし、それだけではありません。取り決めた回収条件が守られず、支払いが滞っている債権――いわゆる「**滞留債権**」があっても売上債権はふくらみます。

これは、決算書からはわからないので、外部分析の場合はしかたありませんが、内部分析を行なっているときはチェックが可能です。

受取手形と売掛金の中身に踏み込んで、代金回収のサイトが長いなら取引先と再交渉をする、滞留債権があるならただちに何らかの対処を行なう、などの対策を講じる必要があります。

売上債権回転率・売上債権回転期間を計算する

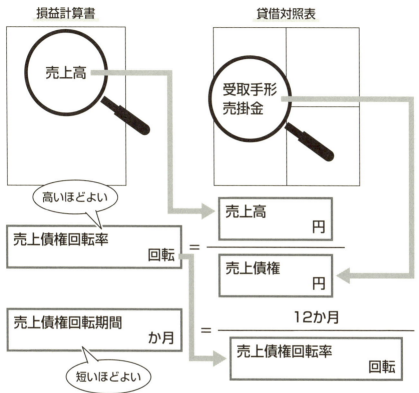

【売上債権回転率】

同業他社と比べて見る！（「中小企業実態基本調査」（令和4年度決算実績）より）	
建設業	9.40回転
製造業	5.91回転
情報通信業	7.13回転
運輸業、郵便業	8.29回転
卸売業	6.48回転
小売業	12.21回転
不動産業、物品賃貸業	22.06回転
学術研究、専門・技術サービス業	6.50回転
宿泊業、飲食サービス業	24.37回転
生活関連サービス業、娯楽業	14.86回転
サービス業（他に分類されないもの）	9.14回転

31 設備投資を適切に行なっているか？
固定資産回転率／有形固定資産回転率

 設備投資は売上に貢献しているか

　在庫、売上債権ときて、次の資本の有効活用は**固定資産**です。

　固定資産の中心は、建物や土地、生産設備やソフトウェアなど、要するに「**設備投資**」をした**資本**。ということは、多額の資本（資金）が投入されるので、有効活用されているかどうかは重要です。

　この「**固定資産回転率**」は、見方を変えると**売上高が設備投資をした資本の何倍あるか**をあらわしています。つまり、設備投資がどれだけ売上に貢献したか、売上高に応じた適切な設備投資が行なわれているかということです。

 寝かせているムダな不動産はないか

　ただし、67ページの貸借対照表の資産の部を見るとわかるように、固定資産は「有形固定資産」「無形固定資産」「投資その他の資産」の3つから成り立っています。

　このうち、投資その他の資産の中身は投資有価証券や長期貸付金などで、設備投資ではありません。そこで、投資その他の資産の割合が大きい場合などは、有形固定資産にしぼって「**有形固定資産回転率**」を見てみるとよいでしょう。

　有形固定資産回転率では、土地、建物、機械などの事業用資産だけが計算の対象になるので、利用されていないムダな資産があると、すぐに数字にあらわれます。

　こうした遊休不動産などを探し出して、転用・売却などで活用すると、有形固定資産回転率を改善することが可能です。

固定資産回転率・有形固定資産回転率を計算する

$$（有形）固定資産回転率 = \frac{売上高　円}{（有形）固定資産　円}$$

【固定資産回転率】

同業他社と比べて見る！（「中小企業実態基本調査」（令和4年度決算実績）より）	
建設業	3.56回転
製造業	2.28回転
情報通信業	3.21回転
運輸業、郵便業	1.91回転
卸売業	5.68回転
小売業	3.93回転
不動産業、物品賃貸業	0.43回転
学術研究、専門・技術サービス業	1.37回転
宿泊業、飲食サービス業	1.49回転
生活関連サービス業、娯楽業	1.48回転
サービス業（他に分類されないもの）	2.75回転

【有形固定資産回転率】

同業他社と比べて見る！（「中小企業実態基本調査」（令和4年度決算実績）より）	
建設業	5.18回転
製造業	3.29回転
情報通信業	7.89回転
運輸業、郵便業	2.46回転
卸売業	9.54回転
小売業	5.73回転
不動産業、物品賃貸業	0.52回転
学術研究、専門・技術サービス業	4.54回転
宿泊業、飲食サービス業	1.86回転
生活関連サービス業、娯楽業	2.05回転
サービス業（他に分類されないもの）	4.68回転

Point 有形固定資産回転率でムダな不動産を探し出せます

32 費用を「変動費」と「固定費」に分けてみると…

決算書では費用と利益の動きはわからない!?

　会社の短期的な経営目標は利益をあげることですが、実は決算書だけでそのための計画を立てることはできません。たとえば来期に、売上を1.5倍にする計画を立てたとして、そのときの利益がいくらになるかは、貸借対照表と損益計算書ではわからないのです。

　なぜかというと、売上が1.5倍になったとき、費用が何倍になるか、決算書の数字だけでは計算できないからです。

　そこで、売上の動きに対して、費用と利益がどう動くかを分析する手法があります。それが「**損益分岐点分析**」です。

「変動費」と「固定費」に分解すればわかる

　損益分岐点とは、損と益が分かれる点——つまり、この売上高未満では赤字、この売上高で損益トントン、この売上高を超えたら黒字という点のことです。

　その見方はおいおい説明していきますが、この損益分岐点を求めるには**費用を「変動費」と「固定費」に分ける**必要があります。変動費とは、大ざっぱにいうと売上の変化に比例して変動する費用、固定費は売上の変化に関係なく、一定の額に固定された費用です。

　たとえば、販売業の仕入原価や製造業の原材料費は売上高に比例して変動するから変動費。一方、従業員の給料は売上高の大小に関係なく支払わなければならないので固定費、というわけですね。

　費用を変動費と固定費に分けることは「**固変分解**」といいます。

　固変分解をすると、売上が1.5倍になったときの利益なども簡単に計算できます。そのリクツを簡単な例で見てみましょう。

変動費と固定費に分解するとわかること

変動損益計算書

売上高	100
変動費	50
固定費	45
利益	5

売上高が1.5倍になった

変動損益計算書

売上高	150
変動費	75
固定費	45
利益	30

【変動費とは】　※実務で利用される簡便な方法

建設業	材料費、外注費	小売業	仕入原価
製造業	原材料費、外注費	不動産業など	不動産原価、租税公課
情報通信業	通信料	飲食・宿泊業など	原材料費
運輸業など	燃料費	サービス業	仕入原価
卸売業	仕入原価		

　上の図のように、売上高が1.5倍になると、変動費は比例して1.5倍になります。一方、固定費は変動しません。そこで、1.5倍になった売上高から変動費と固定費を引くと、1.5倍どころか6倍になった利益が計算できるというわけです。

費用を変動費と固定費に分解するには

　費用を変動費と固定費に分解する方法はいくつかありますが、よく使われるのは、会社の経理が費用を分類する科目＝勘定科目ごとに、変動費・固定費に分解する方法です。
　内部分析をしてみようという方は、「固変分解 勘定科目法」などで検索して調べてみてください。
　外部分析で決算書しか利用できないときは、上の表の科目だけを変動費とし、他は固定費とすることもあります。あまり正確な方法ではありませんが、実務で利用される固変分解の方法です。

33 目標利益が出せる売上高がわかる
限界利益率

「限界利益」ってどんな利益？

　前項であげたような、費用を変動費と固定費に分けた損益計算書を「**変動損益計算書**」といいます。通常の会社の決算ではつくられませんが、これをつくるといろいろなことがわかります。

　変動損益計算書の基本式は「売上高−変動費−固定費＝利益」というものです。この式を変形すると「売上高−変動費＝利益＋固定費」となりますね。この「売上高−変動費」のことを「**限界利益**」といいます。

　限界利益は「利益＋固定費」ともいえますが、通常の利益と異なり、売上高に比例して増減する利益です。限界利益の限界は、リミットではなくマージン。経済学では、△△が1増えたときに××が増える量や率を限界○○というので、限界利益と呼ぶのです。

「限界利益率」を計算すると便利に使える

　この限界利益の売上高に対する割合を「**限界利益率**」といいます。前項の例でいえば、限界利益率は50％です。

　逆にいえば、売上高に限界利益率を掛けると限界利益になりますが、ここから固定費を引くと利益になります。つまり、売上高が増減したときの利益の額がわかるのです。

　また、限界利益は「利益＋固定費」ですから、限界利益率は右の図の右上のようにもあらわせます。そしてこの式を変形すると、目標とする利益を出すための売上高を計算することが可能です。

　どちらも、前項の例で確かめてみてください。

限界利益率でさまざまな利益、売上高が計算できる

$$\text{限界利益率} = \frac{\text{限界利益}}{\text{売上高}} = \frac{\text{利益} + \text{固定費}}{\text{売上高}}$$

利益 = 売上高 × 限界利益率 − 固定費

売上高が増減したときの利益がわかる！

$$\text{売上高} = \frac{\text{利益} + \text{固定費}}{\text{限界利益率}}$$

目標利益を出すための売上高がわかる！

例 前項の例で売上高が150になったときの利益はいくら？

利益 = 売上高150 × 限界利益率50% − 固定費45
   = 利益30

例 前項の例で利益を15出すための売上高はいくら？

$$\text{売上高} = \frac{\text{利益}15 + \text{固定費}45}{\text{限界利益率}50\%}$$

= 売上高120

34 損益がトントンになる売上高とは？
損益分岐点／損益分岐点操業度

損益分岐点は「固定費／限界利益率」

それでは、損益分岐点の話に入りましょう。

「損益分岐点」は、「**損益分岐点売上高**」ともいいます。要するに、損失も利益もゼロになる売上高のことです。面倒な説明は省きますが、「売上高−変動費−固定費＝0」から、右の図の式で求めることができます。

この式の分母は、実は前項の限界利益率です。1から売上高に対する変動費の比率を引いているので、残りは売上高に対する利益と固定費の比率、すなわち限界利益率になるのです。

ですから、「**損益分岐点＝固定費／限界利益率**」とあらわすこともできますね。

損益分岐点操業度で赤字まで、黒字までの幅がわかる

損益分岐点は、会社がいくらの売上をあげたら利益が出るようになるかということを示します。その見方は次項にゆずるとして、ここでは「**損益分岐点操業度**」を見ておきましょう。

これは右図の下の式のように、損益分岐点売上高を実際の売上高で割った指標です。黒字の会社は100％未満ですが、赤字の会社は100％超になります。

たとえば損益分岐点操業度が95％だと、現状は黒字だが、売上高が5％以上減ると赤字に転落することを意味します。もし106％なら、現状は赤字ですが、売上高を6％以上増やせば黒字に転換できるとわかるのです。

損益分岐点・損益分岐点操業度を計算する

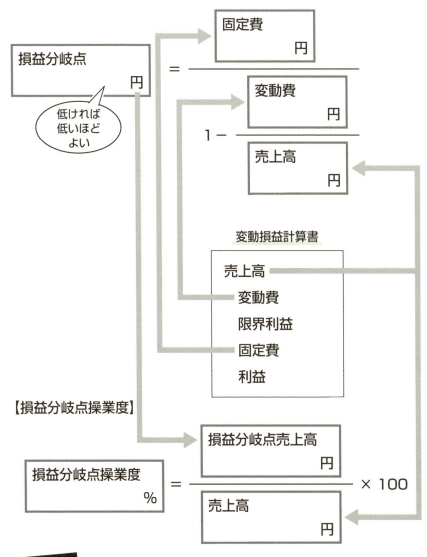

Point

損益分岐点では利益が出るようになる売上高が、
損益分岐点操業度では実際の売上高との幅がわかります

35 会社の利益構造もひと目でわかる 損益分岐点図表

損益分岐点図表で売上と損失・利益の関係を見る

　損益分岐点はまた、グラフであらわすこともできます。右の図の「損益分岐点図表」と呼ばれるものです。

　この損益分岐点図表から損益分岐点売上高を求めることもできますが、それより、損益分岐点の意味や見方がひと目でわかるというスグレモノなのです。

　損益分岐点図表は右のように、縦軸に利益・費用、横軸に売上高をとります。そして売上高線、固定費線、その上に変動費率の角度の総費用線などを引いたグラフです。

　このグラフで、売上高線にそって売上高が増えるようすを見てみましょう。まず、左下のゼロの点では、売上高はゼロですが固定費線の分、固定費がかかっているので大幅な損失です。

　売上高が売上高線にそって増えていくと、損失の幅は徐々に縮まり、やがて損益トントンの損益分岐点になります。その後は、売上高が増えるほど利益の幅も広くなっていくのです。

利益が出やすい会社、出にくい会社もわかる

　損益分岐点図表からは、利益が出やすい会社、出にくい会社の利益構造もわかります。

　同じ変動費率であれば、固定費が多い会社は損益分岐点が高くなり、より多くの売上高が必要になって、利益が出にくくなるものです。固定費は少ないほうが、利益が出やすいのです。

　また、同じ固定費なら、変動費率が高い会社は損益分岐点も高くなり、利益が出にくくなります。

損益分岐点図表で損益分岐点を理解しよう

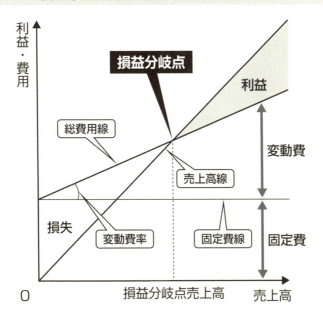

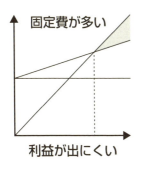

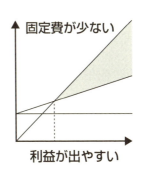

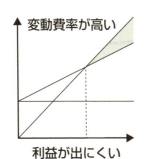

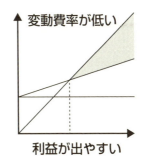

36 売上が落ちても会社は安泰か？
経営安全額／経営安全率

赤字に転落しない売上の幅がつかめる

　算出した損益分岐点売上高を利用して、さらに別の経営指標を求めることもできます。

　まず、実際の売上高から損益分岐点売上高を引いたものが「**経営安全額**」です。これは、実際の売上高と損益分岐点売上高の差ですから、その額、売上が落ちても赤字に転落しないという幅をあらわします。

　会社が安泰でいられる売上高が、金額で直感的に把握できる点がメリットといえるでしょう。

　経営安全額が大きいほど、会社が赤字に転落する可能性が低くなりますから、経営安全額は大きいほどよいことになります。

赤字に転落しない売上の比率がわかる

　次に、経営安全額を比率であらわしたのが「**経営安全率**」です。こちらは、実際の売上高から損益分岐点売上高を引き、実際の売上高で割って求めます。

　示すのは経営安全額と同じ会社の安泰度合いですが、比率なので**売上高の規模に関係なく判断できる**点がメリットです。

　経営安全率はその比率の分、売上が落ちても赤字にならないということですから、比率が高いほどよいことになります。

　ところで、損益分岐点売上高から求める指標としては、先に損益分岐点操業度（☞82ページ）を取り上げました。こちらは、経営安全率とは表裏の関係になるので、比率が低いほどよいことに注意してください。

経営安全額・経営安全率で赤字までの幅を見る

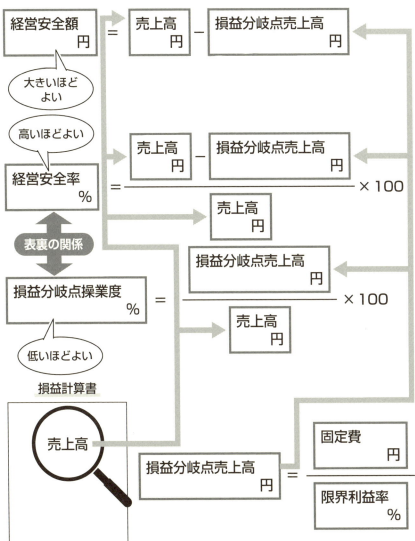

> **Point**
> 経営安全額は大きいほど、経営安全率は高いほど安心。
> 損益分岐点操業度は低いほど安心です

37 投資するなら「1株当たり」で見る EPS（1株当たり利益）

投資家が1株当たりの利益を重視するワケ

　株式投資に役立てる目的の投資分析（☞12ページ）では、信用分析とはまた違った収益性の指標が用いられることがあります。

　これから紹介する「EPS」は、「1株当たり利益」――正確には1株当たり当期純利益を計算するものです。EPSは「Earnings Per Share」の頭文字で、1株当たりの収益といった意味があります。

　EPSは、株主の立場から見ると、自分の投資した株1株で会社がどれだけ利益をあげているかということです。利益は経常利益などではなく、株主への配当の原資となる当期純利益をとります。

　当期純利益を発行済株式総数で割るのは、たとえば当期純利益が大きく伸びていても、増資で発行済株式総数が増えていたら、1株当たりの当期純利益は増えていないといったことがあるからです。

　この1株当たり当期純利益を見るために、発行済株式総数で割るのです。発行済株式総数は、投資関係の資料などで簡単に知ることができます。

 ## EPSの成長率が現在の株価を左右する理由

　EPSは、それ自体の数値とともに、成長率も重視されます（☞146ページ）。つまり、同じ会社のEPSを前期、前々期と期間比較して、トレンドを見るわけです。このEPSの成長率は、株価を左右するといわれています。

　というのは、EPSの数値が伸びるということは、将来、株価が上がるということです。ということは、いま買っておけば将来、株価が上がって利益が出ることが期待できますね。

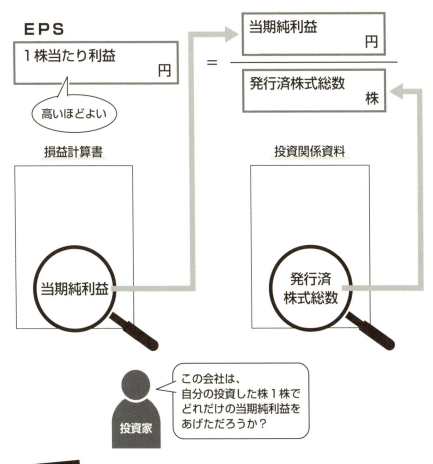

EPSは収益性を「1株当たり」で見る

Point

EPSとともにEPSの成長率も株価を左右します

　そう考える投資家が多ければ、EPSの成長率が高い株は買われて株価は上昇します。そのためEPSの成長率は、将来の株価だけでなく、現在の株価をも左右するのです。

38 株価を収益で割ると割安株がわかる
PER（株価収益率）

PERが高いと割高、低いと割安

そのときどきの株価を、前項のEPSで割ると、今度は「PER」と呼ばれる指標になります。PERは「Price Earnings Ratio」の頭文字で、日本語では**株価収益率**という指標です。計算が簡単なことも手伝って、昔から投資家によく利用されてきました。

EPSは会社の収益性を示す指標ですから、EPSと株価を組み合わせると収益性と株価の関係がわかります。つまり、右図の式によって「いま1株当たり当期純利益の何倍で、株が買われているか」がわかるのです。

この倍率は、その会社の将来に対する、投資家の期待を反映しています。「利益の何倍で買われているか」は、言い換えると「株価は利益の何年分か」「投資家は利益の何年先まで見越して買っているか」ということになるからです。

もっとも、その期待が適正な水準の株価になっているとは限りません。過大評価になっているなら株価は割高、過小評価なら割安です。ですから、PERが高いと株価は割高で株は売り、倍率が低いと割安で株は買いと判断されます。

PERは、**株価の割安度を測る指標**なのです。

EPSが大きくなればPERは小さくなる

PERの式の分母はEPSです。ということは、EPSが大きくなるほど、PERは小さくなるということですね。このEPSの増加によるPERの下落は一時的なものなのですが、PERの倍率が低い株は割安で買い、ということになります。

PERは株価とEPSで計算できる

PER 株価収益率 ＿＿倍 ＝ 株価（時価）＿＿円 / EPS ＿＿円

（高いほどよい）

投資関係資料：株価（時価）

EPS 1株当たり利益 ＿＿円 ＝ 当期純利益 ＿＿円 / 発行済株式総数 ＿＿株

投資家：いま1株当たり利益の何倍で買われているか、高ければ割高で売り、低ければ割安で買いだ

Point
PERは株価の割高度、割安度をあらわす指標です

　投資家は、この株を買いに走ることになるでしょう。すると、株価が上昇します。

　この株価の上昇は、PERが平均的な水準に戻るまで続くのです。前項で、EPSの数値が伸びると株価が上がることを説明しましたが、その理由はこのPERとEPSの関係にもあります。

39 利益を株主に還元しているか？
配当性向

配当性向はEPSから計算できる

　会社が株主に対して、どの程度の利益を還元しているかを示す指標として「**配当性向**」があります。この配当性向も、EPSから計算できます。

　もともとの配当性向は右の図の下のように、配当の総額を当期純利益で割って求めるものです。しかし、1株当たり配当をEPS＝1株当たり当期純利益で割っても同じ数値になるのです。

　EPSはこのように、いろいろ使える指標です。

株主重視か、内部留保重視か、会社の姿勢がわかる

　配当性向は、当期純利益のうちどれだけを、株主への配当にあてたかをあらわしています。

　配当にあてなかった分は内部留保になるので、会社が株主への配当と内部留保と、どちらをどれだけ重視しているか、会社の経営姿勢がわかるのです。

　配当性向が高い場合は、株主への配当を重視していることになり、低い場合は内部留保を重視していることになります。

　もっとも、成長している会社は、内部留保をできるだけ多く設備投資に回すことで成長を続けます。そのため、成長を続ける会社の配当性向は一般に低くなりますが、一概に株主への配当を軽視しているということはできません。

　株主重視の姿勢をアピールするために、配当性向の目標値を発表する会社もあり、株式投資の指標としての重要性は高まっているといえるでしょう。

配当性向で会社の配当に対する姿勢を見る

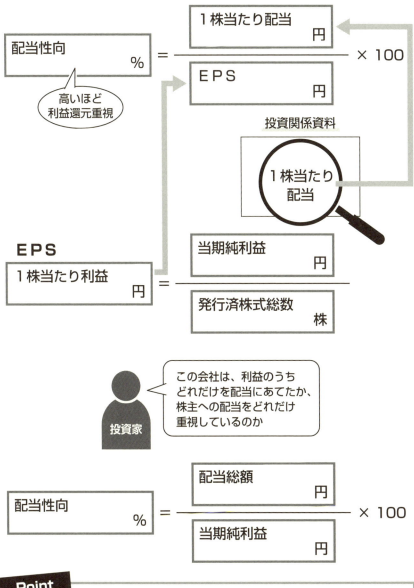

40 会社は何で、どこで稼いでいるか？
セグメント情報

セグメント情報って何の情報？

　収益性分析の最後は、「**セグメント情報**」についてお話ししておきたいと思います。

　セグメント情報とは、決算書の注記事項（☞16ページ）のひとつで、決算書の内容の一部を、事業の種類別などの区分＝セグメントごとにまとめて開示したものです。連結財務諸表（☞32ページ）には、開示が義務づけられています。

　具体的には、事業別セグメント、地域別セグメントなどに区分されますが、特定の区分が決められているわけではありません。

　その会社の意思決定機関が、意思決定や業績評価をするときに使う事業の単位や、区分の単位をセグメントとすることになっています。これを「**マネジメントアプローチ**」といいます。

　セグメントごとに記載されるのは、最近2期間の売上高、損益（営業利益を記載することが多い）、資産、負債といった決算書の内容の一部です。

　右の図が、セグメント情報の例になります。売上高や利益などが記載されているので、セグメント別の売上高利益率や、ＲＯＡ（総資産利益率）等で収益性などを分析することも可能です。

セグメント情報から何がわかるか

　このようなセグメント情報からは、まず、事業の多角化のようすが読み取れます。事業ごとの営業利益率などを分析すれば、どの事業で稼いでいて、どの事業の収益性がよくないかといった情報も得られるはずです。

セグメント情報とはどういうものか

	セグメント情報 (自令和〇年〇月〇日　至令和〇年〇月〇日)					(単位：　円)
	………	………	………	………	その他	合計
売上高						
外部顧客への売上高	×××	×××	×××	×××	×××	×××
セグメント間の内部売上高 　又は振替高	×××	×××	×××	×××	×××	×××
計	×××	×××	×××	×××	×××	×××
セグメント利益又は損失(△)	×××	×××	×××	×××	×××	×××
セグメント資産	×××	×××	×××	×××	×××	×××
セグメント負債	×××	×××	×××	×××	×××	×××
その他の項目						
減価償却費	×××	×××	×××	×××	×××	×××
のれんの償却額	×××	×××	×××	×××	×××	×××
受取利息	×××	×××	×××	×××	×××	×××
支払利息	×××	×××	×××	×××	×××	×××
特別利益	×××	×××	×××	×××	×××	×××
(負ののれん発生益)	×××	×××	×××	×××	×××	×××
特別損失	×××	×××	×××	×××	×××	×××
(減損損失)	×××	×××	×××	×××	×××	×××
税金費用	×××	×××	×××	×××	×××	×××
有形固定資産及び 　　無形固定資産の増加額	×××	×××	×××	×××	×××	×××
……	×××	×××	×××	×××	×××	×××

←売上高、損益、資産、負債、その他

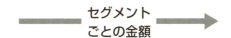

※財務諸表等規則(☞152ページ)の様式より(部分)

セグメントごとの金額 →

　地域別のセグメントからは、日本にある親会社・子会社が稼いでいるのか、海外にある子会社が稼いでいるのか、海外ならどの国・地域の子会社が稼いでいるのか、わかるでしょう。

　以前は、事業の種類別セグメント、所在地別セグメントに加えて、海外売上高を記載することになっていたので、継続性を保つ意味から、現在もＩＲ情報などで海外売上高を記載している会社があります。海外売上高とは、海外の地域ごとの売上高です。

　所在地別セグメントと違って、所在地別が会社の所在する国・地域ごとに区分しているのに対し、海外売上高は販売先の国・地域ごとの売上高をまとめています。

　つまり海外売上高では、日本からの輸出と、海外の子会社の日本以外への売上高がわかります。

「繰延資産」と「引当金」

　貸借対照表の資産の部のいちばん下に「**繰延資産**」があります。
　これは、すでに支払いが済み、役務の提供も受けているが、その支払いの効果が将来に及ぶことから、費用としての計上を繰り延べて資産としている、というものです。
　つまり、1回で費用にするのはよくないから、いったん資産に計上しておこうというわけで、後々、一定の期間で償却します。ですから、繰延資産に財産的な価値はなく、実体のない資産です。
　一般の会社では、会社創立や店舗開業のために支出した「創立費」「開業費」などがここに入ります。

　一方、貸借対照表の資産の部や負債の部にある「**引当金**」とは、大ざっぱにいうと、将来の特定の支出や損失で、金額が合理的に見積もれるものに対して、引き当てておくお金です。
　といっても、支出や損失の原因が当期以前にある、発生の可能性が高いなどの要件もあり、適当に計上するものではありません。
　たとえば「賞与引当金」は、来期の夏のボーナス支給に備えた引当金です。3月決算で、ボーナスの支給対象期間が当期の12月から来期の5月だとすると、12月から3月までの分は当期に原因がある費用であり、支給の金額も合理的に見積もれることになります。
　そこで、引当金を計上しておくことが正しい処理になるのです。

4章

取引しても安心な会社かどうか見る
——安全性分析

Business Analysis

41 「安全性分析」では会社の何をチェックする？

「長期の支払能力」と「短期の支払能力」をチェック

　経営分析は、「**安全性分析**」から始まったといわれています。19世紀のアメリカでは、銀行が融資先や投資先の返済能力、財務状態を知るために、貸借対照表の提出を求めたそうです。その貸借対照表を細かく分析したのが、経営分析の始まりだとか。

　要するに「**信用分析**」ですね（☞12ページ）。前章の収益性分析がこれほど盛んになるのは、ずっと後のことです。

　では、安全性分析では何を見るのでしょう？

　ひとつは、広い意味での借金——負債を、必要とあれば返済する、すなわち支払う能力があるかということです。これを「**支払能力**」と呼びますが、支払能力にも短期のものと長期のものがあります。

　資産に流動資産と固定資産があるように（☞66ページ）、負債にも1年以内に期限が到来するものと、もっと長期のものがあるからです。

　そこで安全性分析では、「**短期の支払能力**」と「**長期の支払能力**」に分けて分析をします。

「財務体質の健全性」と「借入金の返済能力」もチェック

　次に、借入金が多すぎるとか、十分な自己資本を持っているとか、いわば会社の財務の体質のようなものを「**財務体質**」と呼びます。

　「財務体質の改善」「財務体質のチェック」など、経営の財務面の話ではよく使われる用語ですが、この財務体質の健全さを見るのも安全性分析のひとつです。

　この分野の経営分析を、とくに「**健全性分析**」ということもあり

会社の安全性とは何のこと？

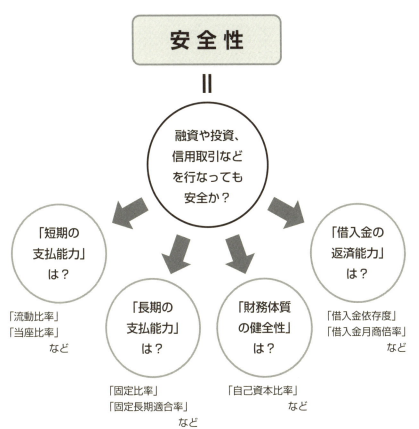

ます。
　そしてときには、ズバリ借入金の返済能力などを見ることも必要です。貸したお金を返してもらえるかというだけでなく、借りる立場に立って、どこまで借入れが増えたら危険か、完済までの間に利益で利息を払っていけるか、などを見るのです。
　以上のように、ひと口に安全性分析といっても、さまざまな側面から「安全性」を見ることが必要になります。

42 貸借対照表の「負債の部」を細かく見てみると…

負債にも流動負債と固定負債がある

　安全性分析では話の性質上、貸借対照表の負債の科目がよく出てきます。ここで、負債の部を少し細かく見ておきましょう。

　資産の部に流動資産と固定資産があるように（☞66ページ）、負債の部も「**流動負債**」と「**固定負債**」に分かれています。大ざっぱにいって、1年以内に返済の期限が到来するかどうかで分ける「ワンイヤールール」も同じです。

　流動負債の冒頭、支払手形と買掛金を合わせて、とくに「**仕入債務**」といいます。これも、資産の売上債権に対応した分類ですね。

　その他の流動負債には、短期借入金や、未払金など未払いの費用、逆に前受金など前払いを受けた収益などが並んでいます。

　一方、固定負債は社債や長期の借入金などです。

　流動負債、固定負債ともに、リース債務、〇〇引当金といった科目が並んでいますが、これらは別の機会に説明することにしましょう（☞124、96ページ）。

貸借対照表が「流動性配列法」であるワケ

　ところで、以上のような科目を並べるときの並べ方は決められています。負債は、支払期限が早い科目の順に、上から並べることになっているのです。実は資産も、現金化されるのが早い順に並べることになっています。

　これが、貸借対照表の「**流動性配列法**」と呼ばれる並べ方です。資産も負債も、「流動性」が高い順に並んでいるわけです。

　流動性は、会社にとってたいへん重要です。いくら総資産が大き

貸借対照表の負債の部はこうなっている

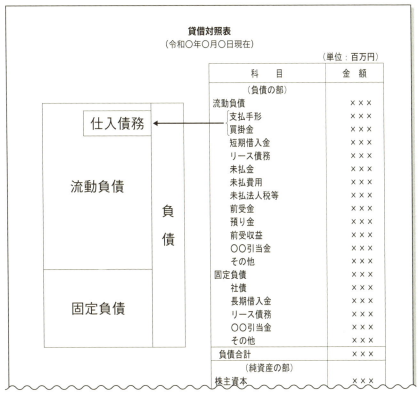

くても、現金化されやすい＝流動性が高い資産が少ないと、仕入代金や経費の支払いにも困ってしまいます。

　また、支払期限が早い＝流動性が高い負債が多いと、次々に支払期限が到来して支払いに追われることになるでしょう。支払いが滞れば、いくら売上があがっていても最悪、黒字倒産という事態にもなりかねません。

　そこで、決算書を見る人にその会社の流動性がわかりやすいよう、流動性が高い科目の順に並べているのです。

　流動性を見る流動比率（☞次項）などの経営指標は、とくに「**流動性分析**」と呼ばれることもあります。

43 短期の「支払能力」がわかる 流動比率

 流動負債と流動資産を比べてみる

　安全性を見る最も基本的なチェックポイントは「短期の支払能力」です。つまり、今期や来期といった短いサイクルのうちに、支払いに困ることはないかということですね。

　これを見るには、貸借対照表の負債の部のいちばん上、流動負債に対して、資産の部のいちばん上、流動資産をどれだけ持っているかをチェックします。この経営指標が「**流動比率**」です。

　流動比率には、どんな意味があるでしょうか？

　分母の流動負債の中身は通常、1年以内の短期に支払期限がくる支払手形、買掛金、短期借入金などです。

　この流動負債の支払いにあてることができるのは、同じく通常、1年以内に現金化される流動資産なのです。

　そこで、現金・預金や売上債権、在庫などの流動資産と、流動負債の比率を見て、流動資産を十分に持っていれば一応は安心、というわけです。

 流動比率はこのように見る

　流動比率が100％以上なら支払能力あり、100％未満なら支払能力なし、100％ちょうどなら支払余力ゼロということになります。

　もっとも、流動資産に不良債権や不良在庫があったりすると、流動比率の数字はあてになりません。現金・預金や正常な売上債権、在庫をバランスよく持っているかもチェックしましょう。

　また、流動比率が高すぎるのも、必要以上の流動性＝資金がムダに遊んでいることになるのでよくありません。

流動比率で短期の支払能力を見る

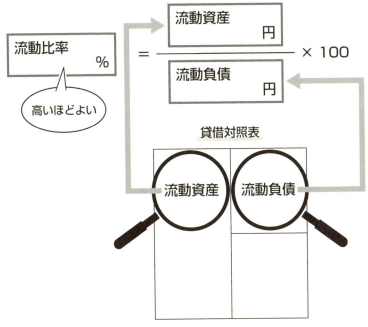

同業他社と比べて見る！（「中小企業実態基本調査」（令和4年度決算実績）より）	
建設業	223.8%
製造業	194.5%
情報通信業	245.7%
運輸業、郵便業	178.7%
卸売業	179.4%
小売業	164.1%
不動産業、物品賃貸業	173.4%
学術研究、専門・技術サービス業	222.9%
宿泊業、飲食サービス業	159.6%
生活関連サービス業、娯楽業	161.9%
サービス業（他に分類されないもの）	215.6%

Point 流動比率は120％以上あればまあまあ安心

44 支払能力を厳しくチェックするなら 当座比率

流動負債と当座資産を比べて見る

　流動比率は、流動負債の支払能力を流動資産全体でチェックします。しかし流動資産のなかには、より現金化されやすい当座資産と、少し現金化されにくい棚卸資産があるのでした。

　棚卸資産は、そもそも売れないと現金化されません。流動性という意味では、やや不確実な部分もあります。

　その点、当座資産は現金及び預金と売上債権、つまり受取手形と売掛金、それに有価証券ですから、不良債権などがなければ確実に現金化されます。

　そこで、より現金化されやすい当座資産だけを見て、短期の支払能力をシビアに判断する経営指標が「**当座比率**」です。

　当座比率は、流動比率の式の分子を当座資産に代えて計算します。

売上債権のなかに不良債権が含まれていないか

　当座比率の目安は100％です。100％を超えていれば一応、安心といえます。

　ただし、流動比率と同様、中身のチェックは重要です。棚卸資産＝在庫は計算から除いているので、売れない不良在庫の心配はありませんが、売上債権は計算に含まれています。

　そのなかに不良債権があると、当座比率の数字もあてにならないものになってしまうでしょう。

　また、流動比率と同じ意味で当座比率が高すぎるのも、資金が遊んでいることになるので、よいことではないのです。

当座比率で短期の支払能力をより厳しく見る

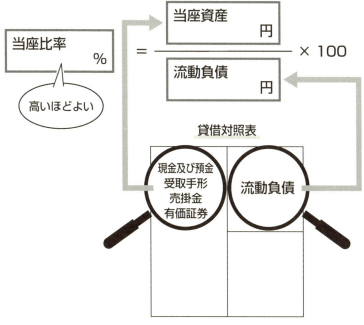

同業他社と比べて見る！（「中小企業実態基本調査」（令和4年度決算実績）より）	
建設業	160.4%
製造業	126.6%
情報通信業	190.4%
運輸業、郵便業	145.9%
卸売業	127.9%
小売業	101.6%
不動産業、物品賃貸業	95.5%
学術研究、専門・技術サービス業	167.9%
宿泊業、飲食サービス業	132.5%
生活関連サービス業、娯楽業	124.1%
サービス業（他に分類されないもの）	174.9%

Point

当座比率は100%を超えていれば一応安心

45 長期の支払能力のほうはどうか
固定比率

固定資産をどの程度、自己資本でまかなっているか

　流動比率、当座比率より、少し長期の安全性を見たいときは、「固定比率」を計算してみましょう。

　固定比率は、固定資産と自己資本（☞19ページ）、すなわち貸借対照表の純資産合計の割合を示す経営指標です。分子が固定資産、分母が自己資本という式になります。

　この式にはどういう意味があるでしょうか？

　分子の固定資産は、土地や機械、建物など、資金が長期間、固定する性質の資産です。転売するか、減価償却する以外に、資金を回収する方法がありませんね。つまり、資金の回収が長期化します。

　このように回収に時間がかかる資産を、たとえば短期の借入金などでまかなうのは危険です。そこで、固定資産をどの程度、自己資本でまかなっているかを見るのが固定比率です。これによって、長期の支払能力を知ることができます。

固定比率が100％以下なら全額まかなっている

　固定比率が100％以下なら、固定資産を全額、自己資本でまかなっているということですから、長期の支払能力はまず安心と考えられます。

　なお、固定比率は流動比率（☞102ページ）などと似た考え方の指標ですが、固定比率では分母を自己資本としていることに注意してください。そのため、流動比率は100％超が好ましいのに対し、固定比率は100％以下が好ましいことになります。

固定比率で長期の支払能力を見る

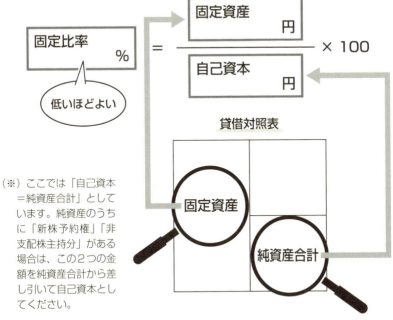

(※) ここでは「自己資本＝純資産合計」としています。純資産のうちに「新株予約権」「非支配株主持分」がある場合は、この2つの金額を純資産合計から差し引いて自己資本としてください。

同業他社と比べて見る！（「中小企業実態基本調査」（令和4年度決算実績）より）	
建設業	64.5%
製造業	90.3%
情報通信業	58.6%
運輸業、郵便業	164.5%
卸売業	70.1%
小売業	121.5%
不動産業、物品賃貸業	180.3%
学術研究、専門・技術サービス業	92.3%
宿泊業、飲食サービス業	395.6%
生活関連サービス業、娯楽業	174.5%
サービス業（他に分類されないもの）	91.8%

Point

固定比率が100％以下なら、まず安心

107

46 投資と資本の調達のバランスは？
固定長期適合率

 自己資本と固定負債の合計でバランスを見る

　計算してみて固定比率が100％超、つまり固定資産を自己資本でまかなえていないときは、分母を自己資本だけでなく、自己資本プラス固定負債としてみましょう。これは「**固定長期適合率**」という経営指標です。

　固定負債というのは、自己資本に近い、安定した資金といえます。そこで自己資本と同じく、固定資産を調達する原資としてよいという考え方ができるのです。

　つまり固定長期適合率は、固定資産への投資と、それを調達する安定した資本のバランスを見ています。

 固定長期適合率が100％を超えるようだと危険

　固定長期適合率は、前項の固定比率の分母「自己資本」を、「自己資本＋固定負債」に置き換えた比率です。ですから、固定比率と同様に、低ければ低いほどよいことになります。

　固定長期適合率の目安も100％です。100％以下なら、固定資産を自己資本と固定負債という、安定した資金でまかなえていることになります。

　分母に固定負債をプラスしている分、固定比率よりは甘い見方になるので、固定長期適合率まで100％超になるようだと、長期の支払能力はいよいよ危険です。

　なお、固定負債の代わりに固定負債のうちの長期借入金だけをプラスする場合などもあり、注意が必要です。他の統計などを参考にする場合は、計算式を確認してから利用するとよいでしょう。

固定長期適合率でバランスを見る

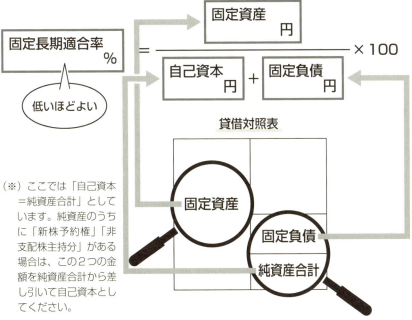

$$\text{固定長期適合率\%} = \frac{\text{固定資産 円}}{\text{自己資本 円} + \text{固定負債 円}} \times 100$$

低いほどよい

（※）ここでは「自己資本＝純資産合計」としています。純資産のうちに「新株予約権」「非支配株主持分」がある場合は、この2つの金額を純資産合計から差し引いて自己資本としてください。

同業他社と比べて見る！（「中小企業実態基本調査」（令和4年度決算実績）より）	
建設業	44.3%
製造業	59.7%
情報通信業	44.4%
運輸業、郵便業	75.1%
卸売業	49.0%
小売業	65.3%
不動産業、物品賃貸業	81.6%
学術研究、専門・技術サービス業	62.8%
宿泊業、飲食サービス業	82.5%
生活関連サービス業、娯楽業	79.9%
サービス業（他に分類されないもの）	58.6%

Point
固定長期適合率が100％以下なら一応安心

47 短期、長期の支払能力の わかりやすい見方は？

流動比率と当座比率を個人の生活資金にたとえると…

　ここまでで短期の支払能力を見る流動比率と当座比率、長期の支払能力を見る固定比率と固定長期適合率の、4つの比率が出そろいました。ここで、4つの比率の関係を整理しておきましょう。

　わかりやすいように、個人の資金にたとえてお話しします。

　まず短期の支払能力とは、個人でいえば生活資金の支払能力です。流動比率が100％超であることは、個人でいえば日常の生活資金の支払能力がきちんとあることを示します。

　しかし流動比率は、棚卸資産がきちんと売れて現金化すれば、という前提つきです。個人でいうと、失業しないで毎月の給料が入ってくれば、という前提がついているわけですね。

　そこで、もっと厳しく見るのが当座比率です。給料が入らなくなっても、確実に入る収入があれば当座比率は100％を超えます。

固定比率と固定長期適合率を住宅資金にたとえると…

　次に長期の支払能力とは、個人にたとえるとマイホームの購入資金です。固定比率が100％以下だと、固定資産を全額、自己資本でまかなっているわけですから、マイホームを全額、自己資金で購入するようなものですね。

　しかし、住宅を自己資金だけで買える人はそうはいません。たいていの場合は、住宅ローンを組むことになるでしょう。住宅ローンは消費者ローンなどと違って、長期の安定したローンですから、固定負債のようなものです。

　そこで固定長期適合率は、自己資本に固定負債をプラスして長期

短期、長期の支払能力の関係は？

【短期の支払能力を個人の生活資金にたとえると】

失業しないで給料が入ってくれば（棚卸資産が現金化すれば）支払能力あり ➡ 流動比率 120％超

給料が入らなくても（当座資産だけで）支払能力あり ➡ 当座比率 100％超

【長期の支払能力を住宅の購入資金にたとえると】

マイホーム（固定資産）を全額、自己資金（自己資本）で ➡ 固定比率 100％以下

自己資金（自己資本）と住宅ローン（固定負債）で ➡ 固定長期適合率 100％以下

マイホーム（固定資産）の資金が足りず、短期のローン（流動負債）も ➡ 固定長期適合率 100％超

の支払能力を見るのです。固定負債をプラスして100％以下なら、住宅ローンを抱えているとはいえ、一応は安心できます。

 しかし、固定長期適合率が100％を超えるとなると、事態は深刻です。個人でいえば、住宅の購入資金が自己資金と住宅ローンだけで足りず、短期のカードローンまで使っている状態になります。

 つまり、固定長期適合率が100％超ということは、固定資産が自己資本と固定負債だけではまかないきれず、短期の負債＝流動負債まで使っていることになるのです。

 以上のように考えると、短期、長期の支払能力を見る指標がわかりやすいと思います。

48 財務体質の健全性をチェックする 自己資本比率

自己資本比率は高いほどよいが…

続いて「財務体質の健全性」（☞98ページ）を見ていきましょう。これを見る代表的な経営指標は「**自己資本比率**」です。

自己資本比率は、貸借対照表の自己資本＝純資産合計を、総資本＝負債・純資産合計で割って求められます。総資本に対して自己資本の割合が高いほど、財務体質は健全とされるので、一般には自己資本比率が高いほどよいとされるわけです。

もし、負債（他人資本）の割合が高いと、いつかはその負債を返済しなければならず、また支払利息も多くなります。自己資本の割合は高いほどよいという考え方は、納得できるものでしょう。

自己資本比率が高いほどROEは上がりにくい

しかし、資本の効率という観点からは、必要以上に自己資本の割合が高いのも考えものです。たとえば、ＲＯＥ（☞52ページ）は株主資本利益率ですから、自己資本が大きいほど上がりにくくなります。

より小さな資本で大きな利益をあげるのも収益性ですから、安全性の面からはともかく、収益性の面からは自己資本比率が高ければそれでよいということはできません。

また、会社を知るという意味では、自己資本の中身も重要です。株式公開や増資で資本を増やして、自己資本が大きくなった会社と、利益をあげてその利益を内部留保にあて、自己資本が大きくなった会社では、同じ自己資本でもその中身が違うからです（☞次項）。

自己資本比率で財務体質の健全性を見る

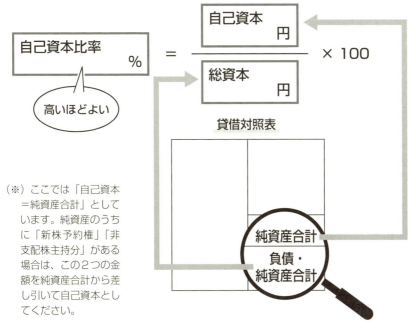

(※) ここでは「自己資本＝純資産合計」としています。純資産のうちに「新株予約権」「非支配株主持分」がある場合は、この2つの金額を純資産合計から差し引いて自己資本としてください。

同業他社と比べて見る！（「中小企業実態基本調査」（令和4年度決算実績）より）	
建設業	47.3%
製造業	46.4%
情報通信業	54.9%
運輸業、郵便業	34.7%
卸売業	42.6%
小売業	35.1%
不動産業、物品賃貸業	36.3%
学術研究、専門・技術サービス業	52.3%
宿泊業、飲食サービス業	16.2%
生活関連サービス業、娯楽業	34.8%
サービス業（他に分類されないもの）	47.0%

Point
自己資本比率は高いほどよいが高すぎるのも考えもの

49 貸借対照表の「純資産の部」を細かく見てみると…

株主の持分、すなわち株主資本

　それでは自己資本——貸借対照表の「純資産の部」の中身を見てみましょう。

　純資産の部は基本的に、株主から拠出された資本と、会社が利益を内部留保した分でできています。まさに会社にとって自分の資本、自己資本ですね。

　中心になるのは株主資本で、これは株主の持分だという意味です。株主資本は、4つに分類されています。

　まず**資本金**は、株主から出資を受けたお金です。

　しかし、出資されたお金がすべて資本金になるわけではないので、資本金にならなかった分は余りという意味の剰余金＝**資本剰余金**になります。

　また、会社があげた利益は配当として株主に還元されますが、利益の全部が配当に回るわけではありません。配当の余りの利益は、会社に内部留保されます。これが**利益剰余金**です。

　たとえば当期に利益の余りがあった場合は、利益剰余金のうちの繰越利益剰余金に加算されます。

自己株式は資本のマイナス項目

　このほか、**自己株式**の表示もあります。会社が買い取った自社株式の金額で、株式の発行数を減らすのと同じ意味がありますから、資本のマイナス項目です。

　したがって、自己株式の取得は株主資本や総資本を小さくする働きがあり、ＲＯＥ（株主資本利益率）や、総資本利益率を改善する

貸借対照表の純資産の部はこうなっている

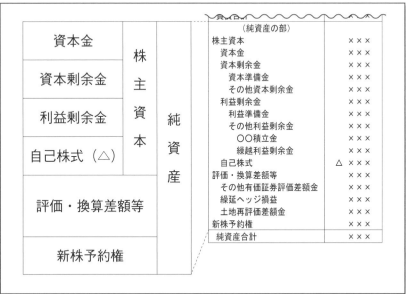

効果があります。

　もっとも逆に、以前に取得した自己株式を売却すると、株主資本や総資本を大きくする結果になり、これは株価下落の要因です（☞27ページ）

 評価・換算差額等、新株予約権とは

　株主資本の下は、**評価・換算差額等**です。評価・換算差額等には、有価証券や土地を時価で評価し直した際の差額などが入ります。

　ちなみに、繰延ヘッジ損益は、先物取引やオプション取引などのデリバティブで、期末に時価で評価し直した差額を翌期に繰り延べるものです。

　いちばん下の**新株予約権**は、投資家に会社が発行する株を買える権利を与えた代金で、株主資本には含まれません。新株予約権は、その権利を取得した投資家のもので、株主の持分ではないからです。

50 借入金の返済能力もチェックできる
借入金依存度／借入金月商倍率

自社、他社はどれだけ借入金に依存しているのか

　短期、長期の支払能力、財務体質の健全性と見てきましたが、安全性の分析としてズバリ借入金の返済能力をチェックすることもできます。

　まず、自社や他社がどれだけ借入金に依存しているかをチェックしてみましょう。これには右上の「**借入金依存度**」という指標を使います。

　式の分母は総資産、分子は借入金の総額をあらわします。割引手形残高を借入金に含めているのは、手形を割り引く際に手形売却損という利息に相当する費用が発生するからです。割引手形残高は、借入金と同じ性格の資金なのです。

　借入金依存度は、会社が使用している総資産のうち、どれだけが外部からの借入金かをあらわしています。高いほど借入金の比率が高いことを示すので、低いほどよい比率です。

借入金は月商の何倍までなら安全か

　「**借入金月商倍率**」もよく利用されている指標です。分子は借入金依存度と同じ借入金の総額ですが、分母には月平均売上高＝月商をとります。年間売上高を、12で割ったものが月商です。

　つまり、借入金月商倍率はその名のとおり、借入金の総額が月商の何倍あるかを示しています。1倍以下なら借入金の少ない優秀な会社、2倍以下ならまあまあ、3倍を超えると要注意になり、5倍を超えると危険、というのが一般的な判断の目安です。

　借入金月商倍率は、借入れの限度額としても利用できます。

借入金依存度、借入金月商倍率を計算してみる

借入金依存度

$$= \frac{\text{短期借入金} + \text{長期借入金} + \text{割引手形残高} + \text{社債}}{\text{総資産}} \times 100$$

Point 借入金依存度は低いほどよい

借入金月商倍率

$$= \frac{\text{短期借入金} + \text{長期借入金} + \text{割引手形残高} + \text{社債}}{\text{売上高} \div 12}$$

Point 借入金月商倍率は1倍以下なら優秀、2倍以下はまあまあ、3倍超は要注意、5倍超は危険です

　2倍のうちはまだ少しの余裕がある、しかし3倍を超えたら限度、もう借りない、貸さないというように判断できますね。
　このように借入金月商倍率は、簡単に借入金の多い少ないや、限度額の目安がわかるので、一般に広く使われているのです。

51 借入金の利払能力もチェックする インタレスト・カバレッジ・レシオ

分子は営業利益プラス受取利息・配当金

　借入金の元本でなく、利息の支払能力をチェックする指標もあります。つまり、支払能力ならぬ**利払能力**です。英語では「インタレスト・カバレッジ・レシオ」といい、「利息のカバー率」といった意味になります。

　インタレスト・カバレッジ・レシオには、キャッシュフローをベースに計算する方法と、利益ベースで計算する方法がありますが、ここでは利益ベースのほうを説明しましょう。

　利益ベースでは、分母が支払利息と手形売却損です。手形を割り引いた際の売却損を含めるのは、支払利息と同じ性質の費用だからというのは前項で説明したとおり。

　一方、分子は営業利益プラス受取利息と受取配当金です。これは、支払利息などを支払う原資になる利益をあらわしています。

支払いの原資が支払利息などの何倍あるか

　つまり、インタレスト・カバレッジ・レシオは、支払利息などに対して、その支払いの原資になる利益を何倍あげているかを計算し、利払能力を見ているわけです。

　利益の倍率が高い＝利益が大きいほど、利払能力も高く、安心できます。ですから、インタレスト・カバレッジ・レシオは高いほどよいのです。

　たとえば1倍だと、会社が営業活動であげた利益と受取利息、配当金が、支払利息の支払いと手形売却損でゼロになるということです。これでは、とても経営は立ちゆかないでしょう。

インタレスト・カバレッジ・レシオとは

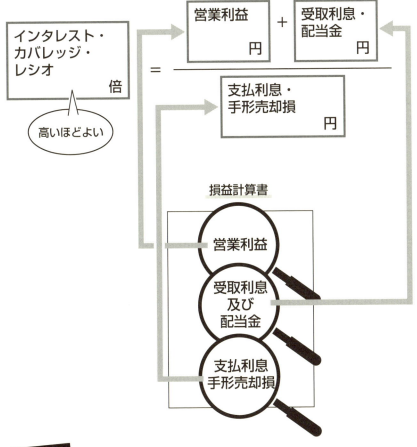

Point
インタレスト・カバレッジ・レシオが高いほど利払能力が高い。3倍以上あることが望まれます

　2倍だと、支払利息、手形売却損と同じ額の営業利益が残ります。しかし、それでも十分とはいえません。インタレスト・カバレッジ・レシオは3倍以上あるのが望ましいといえます。

52 仕入代金の支払いは適切か
仕入債務回転日数

 仕入債務回転日数が短いほど支払いが早い

売上債権回転日数（＝売上債権回転期間☞74ページ）と対になる指標が「**仕入債務回転日数**」です。

売上債権回転日数が、売上の回収がうまくいっているかを見るのに対し、仕入債務回転日数は**仕入れの支払い**がうまくいっているかをあらわします。

この指標は、2つの見方が可能です。ひとつは、他社を分析した場合。回転日数が短いほど支払いが早いということ。支払いが早いほど、安心な会社、支払条件がよい会社といえますね。

ついでにいえば、それだけ早く支払えるのは、その会社の資金繰りも良好ということでしょう。

 自社の仕入債務回転日数は長いほどよい？

もうひとつの見方は、自社を分析した場合です。

もちろん、他社と同じく自社の支払条件のよさを確認することもできますが、実は、回転日数が短い＝支払いが早いことには資金繰り上、問題があります。

資金繰りの鉄則は、「回収は早く、支払いは遅く」ということです。売上の回収が早く仕入れの支払いが遅いほど、その差が資金となって会社の資金繰りを楽にするからです。

ですから資金繰りのうえからいえば、売上債権回転日数が短く、仕入債務回転日数が長いほうが有利になります。

とくに売掛金と買掛金は、運転資金のなかで大きな比重を占めますから、注意が必要です（☞次項）。

仕入債務回転期間はこうして計算する

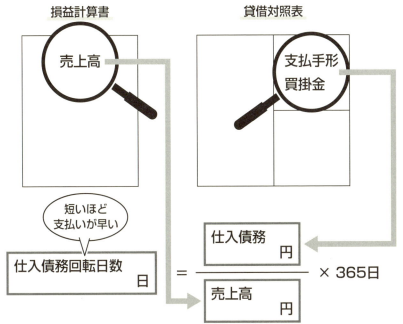

同業他社と比べて見る！（「中小企業実態基本調査」（令和4年度決算実績）より）	
建設業	38.1日
製造業	47.7日
情報通信業	27.8日
運輸業、郵便業	27.3日
卸売業	47.7日
小売業	26.6日
不動産業、物品賃貸業	29.7日
学術研究、専門・技術サービス業	26.9日
宿泊業、飲食サービス業	16.2日
生活関連サービス業、娯楽業	25.4日
サービス業（他に分類されないもの）	19.9日

Point 資金繰りのうえからは自社の回転日数が長いほど有利です

53 資金の過不足も決算書からわかる
運転資金調達高

 先払いの会社か、後払いの会社か

　会社が事業を続けていくのに必要な資金は「**運転資金**」と呼ばれます。この運転資金の不足額、余裕額を、貸借対照表から計算することが可能です。

　前項でふれたように、仕入債務回転日数が売上債権回転日数より短く、会社が先払いの状態になっていると資金が不足します。

　逆に、回収は早く支払いは遅くを実行して、売上債権回転日数が仕入債務回転日数より短くなれば、後払いの状態です。資金繰りが楽になりますね。

　そこで、会社全体として先払い、後払い、どちらの状態になっているかを計算します。運転資金のプラスより、マイナスが大きければ先払い、運転資金のマイナスより、プラスが大きければ後払いとわかるわけです。

　運転資金のプラスとしては、まず売上債権＝受取手形と売掛金があります。きちんと回収されれば、運転資金として入ってくるからです。

　また、すでに仕入れて持っている商品や製品などの在庫＝棚卸資産（☞68ページ）も、運転資金のプラスです。

　一方、運転資金のマイナスとしては、仕入債務＝支払手形と買掛金があります。

 運転資金の不足額、余裕額もわかる

　そこで、プラスとマイナスどちらが大きいかを見るために、売上債権に棚卸資産を加え、仕入債務を引きます。

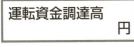

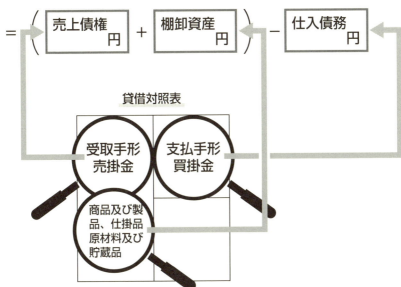

Point
運転資金調達高がマイナスなら資金繰りの不足額、
プラスなら運転資金に余裕があることをあらわします

　こうして計算した額は「**運転資金調達高**」という指標です。運転資金調達額がマイナスなら会社として先払いの状態で、運転資金の不足額をあらわします。

　もし、運転資金調達高がプラスなら後払いの状態です。運転資金に余裕があり、その余裕額を示します。

　このように、貸借対照表の数字だけで運転資金の不足額、余裕額がわかるのが運転資金調達高なのです。

知っとコラム④ 「リース資産」と「リース債務」

　貸借対照表の資産の部には「**リース資産**」、流動負債と固定負債には「**リース債務**」があります。リースが資産、債務とはどういうことでしょう？

　たとえば、大きな固定資産を取得したいのに資金が足りないという場合、会社は長期の借入れを起こして固定資産を取得することになります。しかしこれでは、貸借対照表上で固定負債も固定資産もふくらみ、資本の回転（☞46ページ）が悪くなってしまうでしょう。
　そこで、間にリース会社が入ります。会社が取得したい固定資産をリース会社が購入して、リースする形にするのです。その代わり、取得代金や金利、固定資産税に至るまで、リース期間中に支払うリース料で実質的に会社が全額負担します。
　また、中途解約もできない契約にしておくのが普通です。
　これは、実質的に融資を受けて購入するのと同じなので、「**ファイナンス・リース**」といいます。
　このファイナンス・リースが横行したので、会計基準と法律の改正が行なわれ、一定の条件を満たすリース取引は、融資を受けて固定資産を購入したときと同じ扱いがされることになったのです。
　そこで、一定のリース取引で取得した固定資産は「リース資産」として計上されることになったわけです。
　一方、リース債務のほうは、1年以内に支払期限が到来する分は流動負債に、それ以後に到来するものは固定負債に計上されます。

5章

効率よく伸びる会社か
──生産性分析・成長性分析

Business Analysis

54 「生産性」とはいったい何のことだろう

ヒト・モノ・カネが有効に利用されているか

2018年6月に成立した働き方改革関連法の審議段階で、「**生産性**」ということばが連発されました。日常でもときどき耳にすることばですが、「何のことだっけ？」と考えた方も多かったのでは？

生産性の有名な定義のひとつは「**生産要素の有効利用の度合い**」（ヨーロッパ生産性本部）というものです。

会社は、ヒト・モノ・カネ・情報などの経営資源を、「生産要素」として投入し、事業を行なっています。会社の経営が、うまくいっているかどうかをはかるモノサシのひとつは、そうした経営資源がどれだけ有効に利用されているかということです。

これを見るには、投入された生産要素に対して、**どれだけの成果があったか**を測ればよいのです。投入された量に対して成果が大きいほど、有効に利用されていることになるでしょう。

これが「生産性」の考え方です。

ヒトの生産性＝「労働生産性」を考える

投入されたカネ＝資本に対する生産性は、「**資本生産性**」です。資本生産性は、総資本経常利益率（☞40ページ）を初めとした資本利益率などで測ることができます。

一方、モノの生産性は、たとえば投入した在庫の生産性が棚卸資産回転率（☞68ページ）などであらわされます。

経営資源のうち、情報についても生産性を考えることができますが、ここでは省略します。

では、投入されたヒトの生産性は？　生産要素としてのヒトは「労

生産性とは要するにこういうこと

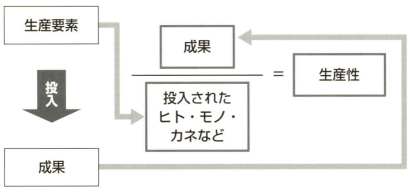

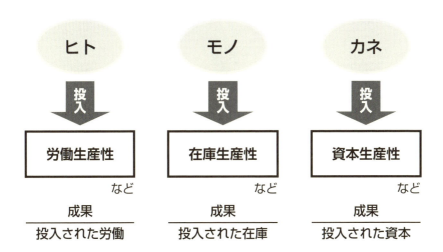

　働」を提供するものなので、「**労働生産性**」ということになります。
　労働生産性は、ヒトが生み出す成果について何を基準にするかで、いろいろな指標を考えることが可能です（☞132ページ）。
　この章では、この労働生産性を中心に、生産性分析を見ていくことにします。

55 人の生産性を「1人当たり」で見る
1人当たり売上高

1人当たり売上高なら他社や過去の数字と比較できる

　人の生産性を売上高などで見ようとすると、会社の規模の違いが問題になります。従業員100人の会社の売上高を、従業員1,000人の同業他社の売上高と比べても、あまり意味がありません。

　このような場合、売上高を従業員数で割って「1人当たり売上高」を見るとよいのです。他社と比べても意味のある数字になりますし、また自社の過去の数字と比較するのも役に立ちます。

　自社の分析であれば、「部門別1人当たり売上高」「営業所別1人当たり売上高」なども計算できるでしょう。これらは、具体的な経営計画の立案などにかなり役立ちます。

「1人当たり売上総利益」「1人当たり経常利益」も見る

　もっとも、1人当たり売上高が大きくても、1人当たりの費用が同じくらい大きかったら、生産性が高いとはいえませんね。そこで、「**1人当たり売上総利益**」と「**1人当たり経常利益**」で生産性を見ることもできます。

　たとえば、1人当たり売上高が伸びていても、1人当たり売上総利益が伸びていなかったら、原価が上昇しているとわかります。

　また、1人当たりの生産性を利益で見るときは、売上高、売上総利益、経常利益のバランスをチェックすることが重要です。

　バランスよく伸びていれば生産性が上がったといえますが、どれかが突出していたり、どれかが伸び悩んでいるときは、何か特殊な事情や問題があるかもしれません。

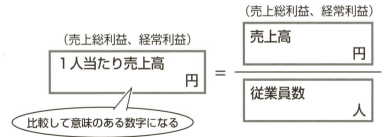

売上高、売上総利益、経常利益を「1人当たり」で見る

【1人当たり売上高】

同業他社と比べて見る！（「中小企業実態基本調査」（令和4年度決算実績）より）	
建設業	26.2百万円
製造業	22.2百万円
情報通信業	15.4百万円
運輸業、郵便業	13.9百万円
卸売業	69.1百万円
小売業	20.5百万円
不動産業、物品賃貸業	34.0百万円
学術研究、専門・技術サービス業	13.6百万円
宿泊業、飲食サービス業	5.2百万円
生活関連サービス業、娯楽業	16.4百万円
サービス業（他に分類されないもの）	7.6百万円

【1人当たり売上総利益、経常利益】

同業他社と比べて見る！	売上総利益	経常利益
建設業	6.1百万円	1.4百万円
製造業	4.5百万円	1.1百万円
情報通信業	7.3百万円	1.0百万円
運輸業、郵便業	3.2百万円	0.3百万円
卸売業	10.4百万円	1.9百万円
小売業	6.2百万円	0.5百万円
不動産業、物品賃貸業	15.3百万円	3.7百万円
学術研究、専門・技術サービス業	6.7百万円	1.3百万円
宿泊業、飲食サービス業	3.3百万円	0.1百万円
生活関連サービス業、娯楽業	6.2百万円	0.5百万円
サービス業（他に分類されないもの）	3.1百万円	0.3百万円

生産性を測るモノサシ
──「付加価値」とは？

会社が付け加えた価値とは？

　人の生産性を見る指標として、ズバリ「**労働生産性**」と呼ばれるものがあります。次項で説明しますが、その計算式は「付加価値／従業員数」、すなわち「**1人当たり付加価値**」です。

　「**付加価値**」は、生産性を測るモノサシとしてたいへん重視されています。労働生産性の説明に入る前に、付加価値とはどういうものか、それを見ておきましょう。

　付加価値は文字どおり、会社が外部から購入したモノやサービスに付け加えた価値です。たとえば、100円分の材料や燃料などを外部から仕入れ、製品に加工して150円で売ったとしましょう。

　この場合、差額50円の価値が付け加えられたと考えられるので、付加価値は50円です。

「控除法」か「加算法」で計算できる

　付加価値は、どのようにしたら計算できるでしょうか？

　外部より購入した分に付け加えた価値が付加価値なので、売上高から外部より購入した分の金額を差し引くと、付加価値が計算できます。先の例でいえば、150円から100円を引いて、50円を付加価値とするわけですね。

　これを「**控除法**」または「**中小企業庁方式**」といいます。右の式が、控除法の計算方法です。

　もうひとつ、付加価値を計算する方法があります。

　こちらは、付加価値の中身を足していく方法です。付加価値の中身は、会社の利益と人件費などの費用ですから、これらを足してい

付加価値はこうして計算する

100円分を外から仕入れ、加工して150円で売った

が付加価値

【付加価値を計算するには？】

● 控除法（中小企業庁方式）

| 付加価値 | ＝ | 売上高 | − | 外部購入価額 |

外部購入価額は、販売業なら商品仕入高、製造業なら原材料費、外注加工費、そのほか運賃など

● 加算法（日銀方式）

っても付加価値が計算できます。これは「**加算法**」または「**日銀方式**」といい、加算する項目は上の式のとおりです。

　ここで注意点をひとつ。最近は、派遣社員が主要な戦力になっている会社も多く見られます。そのような会社では、人件費や従業員数に、派遣社員の人材派遣費や人数を加算して、労働生産性などを見たほうがより正確といえるでしょう。

57 付加価値で「人が稼ぐ効率」を見る
労働生産性

 労働生産性は要するに「1人当たり付加価値」?

　それでは「**労働生産性**」の説明に入りましょう。労働生産性は、前項で軽くふれたように、付加価値の額を従業員数で割って求める指標です。

　この指標は要するに「1人当たり付加価値」なのですが、一般に労働生産性と呼ばれています。

　付加価値の分析では、付加価値の総額ももちろん重要ですが、その総額を何人で達成したかも重視するのです。そこで、労働生産性の計算では付加価値の総額を従業員数で割ります。

　すると、生産性は「生産要素の有効利用の度合い」(☞126ページ)なので、人が稼ぐ力の効率の度合いがわかるわけです。

　付加価値の額は、前項で説明した控除法か加算法で求めたものを使います。右の表は、中小企業庁の調査によるものなので、中小企業庁方式（控除法）で算出された付加価値額を使っています。

 人のエネルギーが効率よく発揮されているか

　要するに労働生産性が高い会社とは、「人が稼ぐ力の効率がよい会社」ということです。

　ただし、会社として稼いでいるかどうかは、売上高や利益で判定されますから、付加価値からは直接的にはわかりません。

　ここは誤解のないように、労働生産性の高い会社とは「人のエネルギーが効率よく発揮されている会社」と考えておいたほうがよいでしょう。

労働生産性で人が稼ぐ効率をチェックする

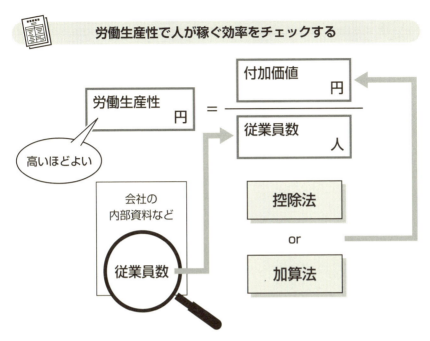

同業他社と比べて見る！（「中小企業実態基本調査」（令和4年度決算実績）より）	
建設業	6.9百万円
製造業	6.6百万円
情報通信業	6.6百万円
運輸業、郵便業	5.7百万円
卸売業	7.5百万円
小売業	4.1百万円
不動産業、物品賃貸業	15.4百万円
学術研究、専門・技術サービス業	6.7百万円
宿泊業、飲食サービス業	2.4百万円
生活関連サービス業、娯楽業	4.6百万円
サービス業（他に分類されないもの）	4.0百万円

※中小企業実態基本調査では業種ごとの付加価値額の合計を算出していないので、ここでは各業種従業員51人以上の企業の労働生産性を計算しています。

Point

労働生産性の一応の目安は1人当たり1,000万円です。もちろん、高いほどよい評価になります

58 労働生産性の中身を分解してみると…

分子と分母にまた売上高を掛けてみる

　内部分析（☞36ページ）で自社の労働生産性を算出した場合は、ぜひ、ライバル会社など同業他社の数値と比較したいところです。

　しかし、それがむずかしいときは、自社の前期の労働生産性と比較してみる手があります。もし、前期より下がっているときは、労働生産性を分解して、原因を探ることが可能です。

　労働生産性は「人のエネルギーが効率よく発揮されているか」を見るわけですから、まず、売上高をあげるために人のエネルギーがどのように発揮されているかを見ます。

　右のように、式の分子と分母に売上高を掛けてみましょう。総資本経常利益率を分解したのと、同じ方法ですね（☞42ページ）。

1人当たり売上高と売上高付加価値率に分解される

　売上高を掛けた算式の左側の「売上高／従業員数」は、128ページで見た「1人当たり売上高」です。もう一方の「付加価値／売上高」は、**売上高付加価値率**という指標になります。

　つまり、労働生産性が下がっているということは、1人当たりの売上高が下がっているか、売上高に対する付加価値の比率が下がっているか、あるいはその両方です。

　逆にいえば、1人当たり売上高を高くするか、売上高付加価値率を高くする――同じ売上高でも、より付加価値の高い商品をより多く売る、あるいはその両方で数値は改善します。

　したがって、下がった労働生産性を、再び高くすることができるのです。

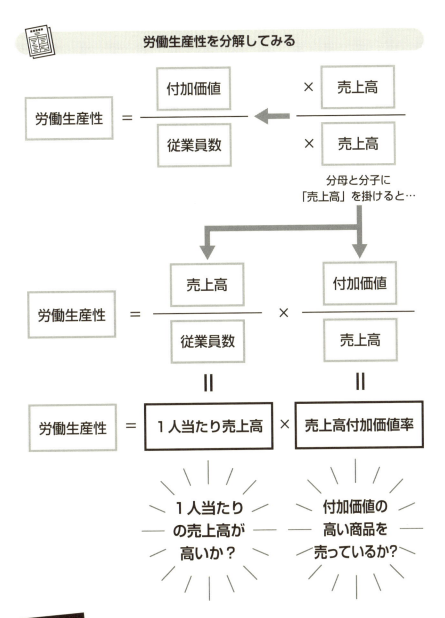

Point
1人当たり売上高を上げるほか、付加価値の高い商品を、より多く売っても労働生産性が高くなります

59 付加価値から見た人件費の水準は？
労働分配率

労働分配率が高すぎるのは危険

付加価値に占める人件費の割合を「**労働分配率**」といいます。従業員にとっては給料が高いほうがよいので、労働分配率が高いほうが望ましいですね。

しかし会社にとって、高すぎる労働分配率は危険です。加算法による付加価値の計算を思い出してください（☞131ページ）。

人件費以外の費用はある程度、固定的な費用なので、労働分配率を高める＝人件費を増やすと結局、利益（経常利益）を圧迫することになります。利益を原資とした将来のための設備投資や、研究開発費も出せない企業体質になりかねません。

一般的には、労働分配率は50％以下が望ましいとされています。

労働生産性を高めれば1人当たり人件費＝給料は増える

では、従業員の給料は、低いままに抑えておくしかないのでしょうか？

ここで「**1人当たり人件費**」というものを考えてみましょう。人件費の総額を、従業員数で割る経営指標です。

労働分配率との関係を知るために、分子と分母に付加価値を掛けてみます。すると、1人当たり人件費は、労働生産性と労働分配率の組み合わせであることがわかります。

つまり、1人当たり人件費は、労働分配率を高めるだけでなく、労働生産性を高めることでも上がるのです。高すぎる労働分配率が利益を圧迫することを考えると、1人当たり人件費を上げるためには、労働生産性を高めることを考えるほうが財務的に健全です。

人件費と労働分配率の関係を見る

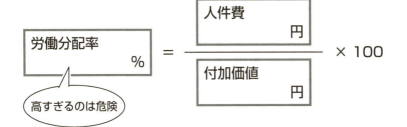

【1人当たり人件費を分解してみると…】

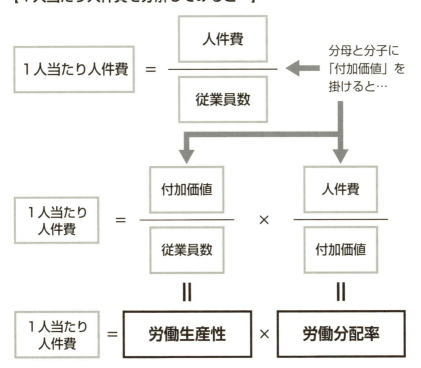

> **Point**
> 労働分配率を高めなくても、労働生産性を高めれば
> 1人当たり人件費が増えます

「1時間当たり」の生産性も見る
人時生産性

「1人1時間当たり」を分析する

　従来、人の生産性を見るときは「1人当たり」を基本としていました。

　1人当たり売上高(☞128ページ)や、1人当たり付加価値(労働生産性☞132ページ)など、会社全体の総額を従業員数で割って、人がどれだけ効率的に成果をあげているかを見るわけです。

　しかし今日のように、非正規雇用が増えたり、ワーク・シェアリングといった労働形態が登場すると、従業員数が必ずしも従業員の実際の労働時間を示さないケースが出てきます。

　そうしたケースでは、「1人当たり」を計算することが適切な指標にならないばかりか、かえって誤った分析結果を指し示すことになりかねません。

　そこで、1人当たりをさらに細分化して、「1人1時間当たり」を分析する指標があります。「**人時**(にんじ)**生産性**」といいます。

「1人時売上高」「1人時付加価値」が計算できる

　人時生産性の式は、右のように簡単なものですが、使い方には少し注意が必要です。

　まず、分子にはいろいろな数字を入れることができますが、生産性を見るなら「売上高」か「付加価値」ということになります。それぞれ「**1人時売上高**」「**1人時付加価値**」となり、いわば1人当たり売上高、労働生産性の人時版です。

　また、分母の総労働時間も、パート、アルバイト、派遣など、非正規雇用の従業員の労働時間も含め、さらに正規雇用従業員の時間

人時生産性の計算式は簡単だが…

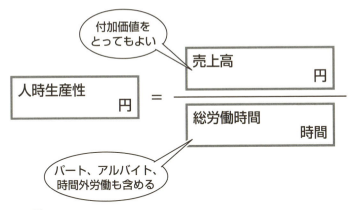

> **Point**
> さらに細分化して「部門別」「売り場別」「時間帯別」などを分析すると効果的です

外労働時間も加えます。

 部門別、売り場別、時間帯別などが役立つ

　もっとも、会社全体で1年間の1人時売上高、1人時付加価値を計算しても、実は1人当たり売上高、労働生産性とさほど違った結果は得られません。

　人時生産性が効果を発揮するのは、むしろ部門別、売り場別などに細分化して分析したときです。これによって、部門単位、売り場単位などの問題点を洗い出すことができます。

　その目的の場合は、データをとる期間は数か月、数週間と、短くてもかまいません。

　さらに、飲食店など時間帯により売上高の変動が大きい業種では、もっと細分化して時間帯別の人時生産性を分析することもできます。会社全体の生産性ではありませんが、個別の販売戦略に役立ちます。

61 商品ごとの販売効率をチェックする
交差比率

 粗利益率と商品回転率を「交差」させる

　今度は商品の生産性を見ておきましょう。

　商品ごとの生産性を測るモノサシとして、ぜひ押さえておきたい指標があります。それが「**交差比率**」です。「交叉比率」と書いたり、「交差主義比率」と呼ぶこともあります。

　いずれにしても、なぜ「交差」と呼ぶのでしょうか？

　商品ごとの儲けは、「**粗利益**」でわかります。粗利益は売上総利益のことですが（☞22ページ）、商品ごとの売上総利益──「売上高－仕入原価」をとくに粗利益と呼ぶことがあるのです。

　この粗利益を、商品ごとの売上高で割ると「**粗利益率**」が求められます。粗利益は、販売費及び一般管理費を差し引く前の利益なので、ここでは「儲け」ということばを使いますが、粗利益率で商品ごとの儲かる割合がわかるわけです。

　しかし、粗利益率が高い商品が必ず大きな儲けをあげるとは限りません。利幅が厚くても、回転が悪い、すなわち商品回転率（☞72ページ）が低い場合があるからです。

　つまり、粗利益率だけでは商品の生産性はわかりません。

　そこで、粗利益率と商品回転率を交差させる＝掛け合わせて、全体的な商品の生産性、販売効率を測るのが交差比率です。

 交差比率で粗利益の額が大きい商品がわかる

　交差比率では、商品の儲かる割合を粗利益率で、商品が売れるスピードを商品回転率で計算して、両方を掛け合わせています。

　粗利益率が高いだけ、商品回転率が高いだけの商品では、それぞ

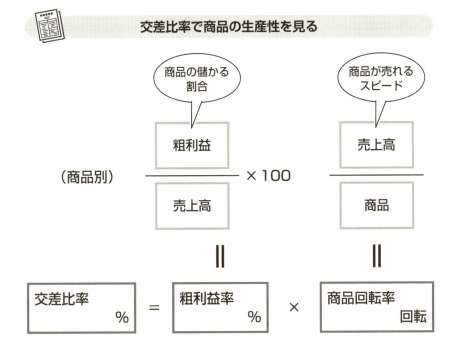

れ粗利益の額が大きくなるとは限りませんが、掛け合わせることによって粗利益の額が大きい商品がわかるわけです。これは利益の額が、商品の回転数と1回転当たりの利益率で決まるからです。

交差比率によって粗利益が大きい商品がわかれば、たとえば交差比率の高い商品の販売に注力して、商品構成のなかでのシェアを高めることが考えられます。これがうまくいけば、同じ売上高でも売上総利益を増加させることができるでしょう。

前項の人時生産性で使う総労働時間もそうですが、商品ごとの粗利益、商品回転率は、会社内部の人しか知り得ないデータです。人時生産性や交差比率は、典型的な内部分析の指標といえます。

会社の「成長性」は何を見ればわかるか？

一般的には売上高の伸び＝成長だが…

ここからは「成長性分析」の話に入ります。

一般的に、会社の成長は第一に売上高の伸びにあらわれると考えられます。売上が伸びているということは、会社の規模が大きくなっている＝成長しているということだからです。

経営分析でも、「売上高伸び率」（☞次項）を計算して100％を超えていれば、一般的には会社は成長しているとされます。

しかし「成長性」を見るとなると、売上高の伸びだけで判断することはできません。ときどき決算発表などでニュースになる「増収減益」ということがあるからです。

増収減益の会社は、業界の値下げ競争に巻きこまれたか、無理な売上拡大を続けているか、いずれにしても正常な成長のもとで売上を伸ばしているとはいえませんね。

売上高の伸びは利益との関係で見る

「増収増益」ならば一応、その会社は成長していると見て大丈夫です。

一方、「減収減益」なら誰が見ても、会社は成長どころか縮小しているとわかります。では「減収増益」の場合は？

減収増益はありえます。原価や経費などコストの削減に努めて、多少売上が落ちても利益を増やしたり、輸出企業が為替差益で利益を得たりするケースです。

そのような場合は、利益の中身を見る必要があります。

原価低減に努めているなら、売上高から売上原価を引いた売上総

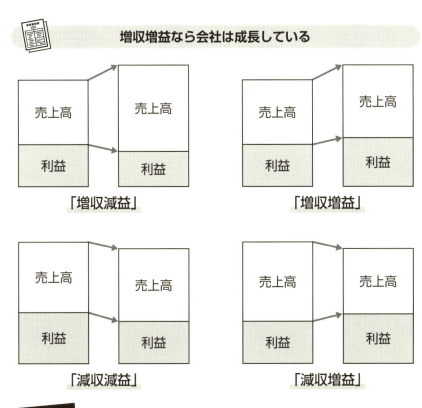

Point 会社の成長は売上高の伸びだけでなく利益との関係で見ることが大切です

利益の数字が改善しているはずです。

　また、全社的な経費削減に取り組んでいるなら、売上総利益から販売費及び一般管理費を引いた営業利益の数字が好転します。

　もし為替差益なら、為替差益は営業外収益なので、営業利益から営業外損益をプラス・マイナスした経常利益に影響があらわれるわけです。

　このように、会社の成長性は売上高の伸び率だけでなく、利益との関係で見ることが大切です。

63 バランスよく成長しているか？
売上高伸び率／利益伸び率

売上高だけでなくすべての利益が伸びてこそ成長

そこで「売上高伸び率」ですが、右のいちばん上の式のように、分子に当期の売上高、分母に前期の売上高をとって伸び率を計算します。

しかし、売上高が伸びていても、売上総利益が伸びていないのでは、それより後の販売費及び一般管理費や、さまざまな費用が回収できません。そこで次には、2番目の式で「売上総利益伸び率」を計算してみます。

売上総利益伸び率が順調に伸びていても、販売費及び一般管理費がそれ以上に伸びていると、本業の営業利益は伸びません。そこで3番目の「営業利益伸び率」も計算して、営業利益の伸びをチェックします。

最後は「経常利益伸び率」のチェックです。経常利益は、会社の経常的な状態での利益ですから（☞23ページ）、経常利益伸び率が伸びていてこそ、会社の業績は本当に伸びている＝成長しているといえます。

4つの伸び率の関係が重要

そこで、4つの伸び率の関係ですが、着実に成長している会社では、売上高の伸び率より売上総利益の伸び率が高いものです。また、売上総利益伸び率よりは営業利益伸び率が、営業利益伸び率よりも経常利益伸び率が高くなります。

つまり、「売上高伸び率＜売上総利益伸び率＜営業利益伸び率＜経常利益伸び率」という関係が成り立っているのです。

売上高伸び率と利益伸び率の組み合わせで見る

売上高伸び率（％） ＝ $\dfrac{売上高（当期）}{売上高（前期）}$ × 100

売上総利益伸び率（％） ＝ $\dfrac{売上総利益（当期）}{売上総利益（前期）}$ × 100

営業利益伸び率（％） ＝ $\dfrac{営業利益（当期）}{営業利益（前期）}$ × 100

経常利益伸び率（％） ＝ $\dfrac{経常利益（当期）}{経常利益（前期）}$ × 100

Point

売上高伸び率 ＜ 売上総利益伸び率 ＜ 営業利益伸び率 ＜ 経常利益伸び率
となっていれば、本当の成長といえます

　これが、売上総利益伸び率と各利益伸び率の見方のポイントになります。
　この関係が成り立っていれば、会社は中身をともなった成長をしている——成長性は良好と考えてよいでしょう。

64 成長性を「1株当たり」で見る EPS成長率

 EPS成長率の計算式は？

　EPSの項でもふれましたが（☞88ページ）、株式投資に際してはEPS（1株当たり利益）の成長性がたいへん重視されます。

　「EPS成長率」には別の計算方法もありますが、一般的には右の式で計算するのが簡単です。この式では、前項の伸び率と違い、成長した分が前期EPSの何％になるかを計算するので、0％を超えれば成長、0％未満だと後退ということになります。

 「1人当たり」の伸び率も計算してみる

　ついでに、前項の伸び率を、今度は1人当たりで計算してみましょう。会社が成長していても、従業員の数が伸び率以上に増えていたのでは、バランスよく成長しているとはいえません。

　質的な面からも会社の成長を見るために、前項の伸び率を従業員1人当たりで計算してみます。

　「1人当たり売上高伸び率」は右のように、128ページの1人当たり売上高の当期と前期の数字から計算します。同じようにして、「1人当たり売上総利益伸び率」「1人当たり営業利益伸び率」「1人当たり経常利益伸び率」を計算しましょう。

　売上高と各利益の伸び率は、前項と同じ見方ができます。1人当たりで見ても、売上高より売上総利益の伸び率が高く、それより営業利益、経常利益の伸び率が高いのがよい形です。

　このように従業員1人当たりで計算し直して、なおかつ各数値が伸びているか、それが今後の会社の成長のカギになります。

売上高伸び率と利益伸び率の組み合わせで見る

【成長性を「1株当たり」で見る】

$$\text{EPS成長率（\%）} = \frac{\text{当期EPS} - \text{前期EPS}}{\text{前期EPS}} \times 100$$

【成長性を「1人当たり」で見る】

$$\text{1人当たり売上高伸び率（\%）} = \frac{\text{1人当たり売上高（当期）}}{\text{1人当たり売上高（前期）}} \times 100$$

同様にして計算すると…

- 1人当たり売上総利益伸び率（%）
- 1人当たり営業利益伸び率（%）
- 1人当たり経常利益伸び率（%）

Point

1人当たり売上高伸び率 ＜ 1人当たり売上総利益伸び率 ＜ 1人当たり営業利益伸び率 ＜ 1人当たり経常利益伸び率

この関係が、会社の今後の成長のカギになります

「未払金」と「未払費用」、「前受金」と「前受収益」

　貸借対照表の負債の部には、「**未払金**」「**未払費用**」、「**前受金**」「**前受収益**」と、まぎらわしい科目が並んでいます。
　だから決算書はイヤなんだという方もいるでしょうが、違いが説明できたらちょっと尊敬されるかもしれません。

　未払費用から説明をすると、企業会計原則注解では「一定の契約に従い、継続して役務の提供を受ける」場合の未払いとされています。つまり、家賃、賃借料、保険料、支払利息などの、役務の提供は受けたがまだ支払っていない分です。
　一方、未払金は「継続して」いない取引で「既に確定している債務」の未払分ということになります。たとえば、固定資産の購入などで、継続的でない役務の提供は受けたものの、まだ支払っていないケースが考えられるでしょう。
　ただし、「確定してい」ない債務は、原則的には未払費用になります。債務が確定しているものとは、（年度末までに）債務が成立していることなど、税法に3つの要件があげられています。

　前受金と前受収益の関係も同じです。違いの第一は、役務を提供する側であること。たとえば、6か月分の家賃を前払いでもらって、2か月目に決算をしたら、4か月分の前受収益が計上されます。
　また、前受金のほうは主に営業取引の前受けに使用します。たとえば工事を請け負って、工事前に代金の一部を受け取ったという場合が前受金です。

6章

「お金の流れ」もチェックしよう
――キャッシュフロー分析

Business Analysis

65 「キャッシュ」「キャッシュフロー」って何だろう

 ### なぜキャッシュフロー分析なのか

　経営分析の重要な分野として近年、欠かせないものになっているのが「キャッシュフロー」の分析です。キャッシュフロー分析がこれだけ盛んになったのには、2つの背景があります。
　第一に、従来からあった会社の資金繰りの延長として、キャッシュフローが利用されたこと。「**キャッシュフロー計算書**」（☞24ページ）の作成が株式公開会社に義務づけられ、一般の会社にも普及したことがこれに拍車をかけました。
　第二に、キャッシュフローを重視する経営＝「**キャッシュフロー経営**」が推奨され、キャッシュフロー経営を行なうため、あるいは分析するためのツールとして、分析手法が求められたことがあります。

 ### 「現金および現金同等物」にはどこまで入る？

　では、そもそも「キャッシュ」とは何のことなのでしょうか？
　ひと言でいうと、キャッシュとは「**現金及び現金同等物**」とされています。といっても、ここでいう「現金」は、お札や硬貨だけではありません。当座預金、普通預金などの「要求払預金」も、現金に含めることになっています。
　また、現金同等物は「容易に換金可能であり、かつ価値の変動についてわずかなリスクしか負わない短期投資」とされ、たとえば定期預金などがその例です。
　その会社のキャッシュフロー計算書で、どこまでをキャッシュに含めたかはキャッシュフロー計算書に注記されるので、それを見れ

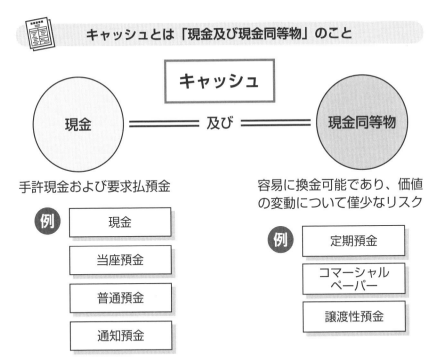

ばわかります。

 結局、キャッシュフローとは何だろう

　そのような、現金及び現金同等物のキャッシュフローとは、どういうものでしょうか？

　キャッシュフローの考え方では、会社にキャッシュが入ってくると「キャッシュインがあった」などと考えます。キャッシュが出ていったときは「キャッシュアウトがあった」などです。

　そして、キャッシュインがあってアウトがあって、差し引きが残ると、残高を「キャッシュフロー（ネット）」などと呼びます。

　つまり、キャッシュの入りだけでも出だけでもなく、また差し引きの残高だけでもありません。キャッシュの流れによって、キャッシュがどう増減し、どれだけ残ったか――全体を見るのが「キャッシュフロー」なのです。

3つのキャッシュフローに分けて見るワケ

キャッシュフロー計算書はどんな形？

　会社のキャッシュフローは、主要決算書のひとつである「**キャッシュフロー計算書**」にまとめられます。右がキャッシュフロー計算書のひな型です。

　経団連ひな型（☞60ページ）には、キャッシュフロー計算書のひな型がないので、ここでは内閣府令「財務諸表等の用語、様式及び作成方法に関する規則」の様式をあげました。この規則による様式では、前年度の実績も必ず表示することになっています。

　ちなみに株式公開会社は、金融商品取引法で「四半期報告書」の提出を義務づけられているので、キャッシュフロー計算書も含めて主要決算書はすべて、3か月ごとに年4回、作成される決まりです。

「営業活動」「投資活動」「財務活動」に分かれる

　キャッシュフロー計算書は前にもふれたように、キャッシュフローを3つに分けて表示しています。3つに区分することによって、何がわかるのでしょうか？

　会社は、本来の営業活動以外にもさまざまな活動をしています。そこで、何のための活動かという視点から、本来の営業活動と、それ以外の投資活動、財務活動に分けているのです。

　それによって資金の増減という情報が、より役に立つ3つのキャッシュフローとして把握できます。

　まず、「**営業活動によるキャッシュフロー**」は、会社本来の営業活動によるキャッシュフローです。

　しかし、営業活動を続けていくには設備投資をしたり、備品を購

実際のキャッシュフロー計算書はこんな形

3つのキャッシュフロー

- 営業活動によるキャッシュフロー
- 投資活動によるキャッシュフロー
- 財務活動によるキャッシュフロー
- 増減額・残高等

入したりすることも必要ですね。設備投資などのキャッシュフローは、「**投資活動によるキャッシュフロー**」になります。

もし、設備投資の資金が足りなくて銀行から借りたとすると、そのキャッシュフローは「**財務活動によるキャッシュフロー**」です。

最後に全体として残ったキャッシュは、「**キャッシュポジション**」と呼ばれます。

以上のような構造を、数字であらわしたのがキャッシュフロー計算書なのです。

67 2つのキャッシュフロー計算書のつくり方、見方

作成方法には「直接法」と「間接法」がある

　実は、キャッシュフロー計算書には2種類の作成方法が認められています。作成方法の違いで、営業活動によるキャッシュフローの表示のしかたも変わってくるので、ここで2つの方法の違いを見ておきましょう。

　作成方法のひとつは、その期に発生した取引のうちで、キャッシュに影響するものをすべて集計するというものです。計算方法としてはわかりやすく直接的なので、「**直接法**」と呼ばれています。

　ただし、大量の取引を集計するため、実務的にはたいへん手間がかかるというのがデメリットです。

　もうひとつの作成方法では、従来どおりの会計処理で作成された損益計算書の当期純利益からスタートします。そして、キャッシュに関係がない項目を除き、キャッシュに関係する項目を加えることによって、キャッシュフロー計算書を作成するわけです。

　これは、「**間接法**」と呼ばれています。

　間接法によるキャッシュフロー計算書の作成は、何がキャッシュに関係し、何が関係しないか、という知識を要求されることがデメリットです。

　その反面、どこの会社にもある決算書から作成するので、あまり手間がかからないメリットがあります。

　右の図が、間接法によるキャッシュフロー計算書の営業キャッシュフローの表示です。投資活動によるキャッシュフローと、財務活動によるキャッシュフローについては、直接法でも間接法でも表示のしかたは変わりません。

間接法によるキャッシュフロー計算書（営業活動）

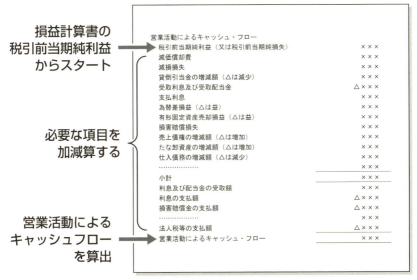

 直接法と間接法の表示のしかたの違いは？

　直接法による作成は、とくに連結の場合、親会社・子会社の主要な取引ごとにキャッシュフローに関するデータを用意する必要があり、実務的には非常に手間がかかります。

　ただし、直接法による営業キャッシュフローの表示は、各項目のキャッシュフローが総額で見られる点が特長です。各項目の受取額と支払額が、ひと目でわかるのです（☞次項）。

　間接法による表示では、この受取額と支払額の総額がわかりません。その代わり、上の例でも示されているように、当期純利益と営業活動によるキャッシュフローの関係がよくわかります。これは、直接法にはない特長です。

　また、他の決算書のデータから作成するので、わざわざキャッシュフロー計算書のためのデータを用意する手間がありません。こうした特長から、多くの企業では間接法が採用されています。

68 営業活動でキャッシュを生み出す 営業キャッシュフロー

営業キャッシュフローにはどんな収入・支出があるか

　それでは3つのキャッシュフローの中身を、順に見ていきましょう。

　「**営業活動によるキャッシュフロー**」は、会社の本業によるキャッシュフローです。商品やサービスの販売による収入、原材料や商品の仕入れによる支出、それに従業員への給与や役員に対する報酬の支出などが記載されます。

　これらそれぞれの総額は、前項の間接法による営業キャッシュフローではわかりません。

　しかし、直接法による営業キャッシュフローの表示ならわかります。右の図を見てください。上から順に「営業収入」「原材料又は商品の仕入れによる支出」「人件費の支出」とあるのがそれぞれ、これらにあたります。

直接法なら収入と支出の総額がわかる

　直接法による営業キャッシュフローの表示では、これらは主要な取引ごとに総額表示するのが決まりです。つまり、たとえば「利息及び配当金の受取額」と「利息の支払額」を相殺したりしないで、収入・受取額と支出・支払額を別々に記載することになっています。

　直接法による営業キャッシュフローでは、総額がわかるといったのはそういう意味です（☞前項）。

　なお、会社が投資活動の成果や財務活動の資本コストを重視する立場をとる場合、受取利息と受取配当金を別の表示にすることがあります。

直接法による営業キャッシュフローの表示

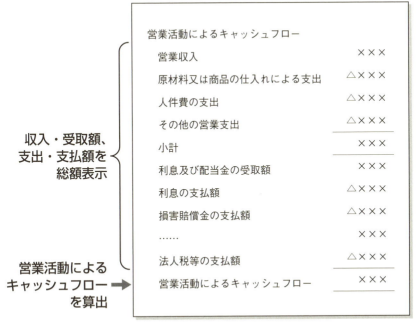

　その場合、投資活動の結果である受取利息と受取配当金は投資活動によるキャッシュフロー、資金調達の資本コストである支払利息と支払配当金は財務活動によるキャッシュフローへの記載です。

本業から生み出されるキャッシュは…

　この営業活動によるキャッシュフローの区分は、会社の本業である営業活動から生み出されるキャッシュフローのあり様がわかる指標になります。

　ここに表示されている金額は、会社が営業活動を続けながら、新規の投資を行ない、借入金を返済し、株主に配当金を支払うために、どの程度のキャッシュを獲得したかを示しているのです。

　プラスのキャッシュを生み出していれば、その額は会社が通常の状態でつくり出せるキャッシュの量といえます。

69 将来のために投資しているか？
投資キャッシュフロー

投資キャッシュフローは総額表示

次に、「投資活動によるキャッシュフロー」の区分には、固定資産の取得・売却、現金同等物に含まれない有価証券など短期投資の取得・売却などによるキャッシュフローが記載されています。

具体的には右の図のように、有価証券、有形固定資産、投資有価証券、貸付金などの取得による支出と、売却による収入ですが、ここでも総額で表示されることが特徴です。

つまり、新規に投資したり、投資していた資産を売却した場合のキャッシュフローは、帳簿価額と相殺して売却損や売却益を計算したりせず、あくまでも取得による支出と、売却による収入の総額を表示するのです。

たとえば、帳簿価額が10億円の自社ビル（土地と建物）を6億円で売却したとしましょう。4億円の売却損が出ているので、帳簿価額10億円と売却額6億円を相殺して、4億円のマイナスと記載したいところですね。

それでも、投資キャッシュフローには「有形固定資産の売却による収入」として、プラス6億円を記載しなければいけません。投資キャッシュフローは総額表示が原則だからです（重要性に乏しい項目などは、相殺した額での表示も認められます）。

投資を営業キャッシュフローでまかなっているか

投資活動によるキャッシュフローの区分は、会社の将来の利益のための投資と、資金運用目的の投資に、どれくらい支出されたかを示す指標になります。

投資キャッシュフローの内容はこうなっている

取得による支出、売却による収入を総額表示（帳簿価額と相殺したりはしない）

投資活動によるキャッシュ・フロー	
有価証券の取得による支出	△×××
有価証券の売却による収入	×××
有形固定資産の取得による支出	△×××
有形固定資産の売却による収入	×××
投資有価証券の取得による支出	△×××
投資有価証券の売却による収入	×××
貸付けによる支出	△×××
貸付金の回収による収入	×××
…………………	×××
投資活動によるキャッシュ・フロー	×××

投資活動によるキャッシュフローを算出

Point
投資活動によるキャッシュフローは営業活動によるキャッシュフローとのバランスが大事です

　といっても、大きければ大きいほどよいわけではありません。投資活動によるキャッシュフローは、営業活動によるキャッシュフローとのバランスが大事です。

　たとえば、投資活動によるキャッシュフローがマイナス10億円だったとしましょう。このとき、営業活動によるキャッシュフローが10億円超あれば、投資キャッシュフローの全額を営業キャッシュフローでまかなえていることになります。

　健全な会社というものは、本業からキャッシュを生み出し、それを、将来のキャッシュを生みだすための投資に振り向けるものなのです。

　実際、優良企業では投資活動によるキャッシュフローがマイナスになるケースが多く見られます。これは、設備投資などの資金の支出が、きちんと行なわれていることをあらわすものです。

70 資金の調達と返済はどうか？
財務キャッシュフロー

資金の調達と返済が記載される

　キャッシュフロー計算書の3番目は「**財務活動によるキャッシュフロー**」の区分です。ここでは主として、資金の調達とその返済のようすがわかります。

　具体的には、右の図のように短期・長期の借入れ・返済による収入と支出、社債や新株の発行・償還による収入と支出などが資金の調達と返済に関わる項目です。

　会社が財務活動の資本コストを重視する立場をとる場合は、支払利息と支払配当金も資本コストとして、財務活動によるキャッシュフローに記載されます。

　なお、財務活動によるキャッシュフローも、投資活動によるキャッシュフローと同じく、主要な取引ごとに総額表示するのが原則です（☞前項）。

自己株式の取得、配当金の支払いもわかる

　財務活動によるキャッシュフローには「自己株式の取得による支出」も記載されます。自己株式は、貸借対照表上では資本のマイナス項目です。

　その取得は、株主資本や総資本を小さくする働きがあり、ＲＯＥ（株主資本利益率）や、総資本利益率を改善する効果があります（☞114ページ）。

　また、「配当金の支払額」も財務活動によるキャッシュフローの記載項目です。

　配当金の支払額からは、会社の株主に対する姿勢、配当に対する

財務キャッシュフローの内容はこうなっている

主として資金の
調達と返済、
自己株式の取得、
配当金の支払い
など

財務活動によるキャッシュ・フロー	
短期借入れによる収入	×××
短期借入金の返済による支出	△×××
長期借入れによる収入	×××
長期借入金の返済による支出	△×××
社債の発行による収入	×××
社債の償還による支出	△×××
株式の発行による収入	×××
自己株式の取得による支出	△×××
配当金の支払額	△×××
…………………	×××
財務活動によるキャッシュ・フロー	×××

財務活動による
キャッシュフロー
を算出

Point
借入金の返済、自己株式の取得、配当などを進めると
財務活動によるキャッシュフローはマイナスになります

姿勢がわかります。

財務キャッシュフローのプラスとマイナスは…

　こうした自己株式の取得や配当金の支払いを行なうと、財務活動によるキャッシュフローはマイナスに近づきます。また、財務体質改善のために、短期・長期の借入金の返済を進めてもマイナスに近づくものです。

　逆に、新規の借入れを起こしたり、社債を発行したりして資金を調達すると、財務活動によるキャッシュフローはプラスになります。

　一概にはいえませんが、財務活動によるキャッシュフローの内容を見て、借入金の返済による支出、自己株式の取得による支出、配当金の支払額などでマイナスになっているほうが、株主の立場からはよい財務キャッシュフローの内容と見なすことができるでしょう。

71 自由に使えるキャッシュはいくら？
フリーキャッシュフロー

営業キャッシュフローが自由に使えるわけではない

　キャッシュフローを使って計算する経営指標も見ておきましょう。

　代表的なものに「フリーキャッシュフロー」があります。文字どおり、会社が自由に使えるキャッシュフローのことです。

　といっても、本業で稼いだ営業キャッシュフローが、まるまる自由に使えるわけではありません。現在の事業を維持するだけでも、たとえば故障した機械の修理や、古くなった設備の更新を行なわなければならないでしょう。

　つまり自由に使えるキャッシュとは、営業キャッシュフローから「現事業維持のための設備投資等」を差し引いた残りなのです。

　ところが、キャッシュフロー計算書では、この現事業維持のための設備投資等の金額がわかりません。投資キャッシュフローのなかで、他の投資額と一緒になっているからです。

　そこで、フリーキャッシュフローの計算方法がいくつか考えられていますが、いちばん簡単なのは、営業キャッシュフローにマイナスの投資キャッシュフローを足す＝マイナスするという方法です。

　健全な会社は、営業キャッシュフローで投資をまかなっている（☞159ページ）ことからも、この計算方法の意味が理解できます。

フリーキャッシュフローが大きいほどよいワケ

　フリーキャッシュフローは、大きいほどよい指標です。なぜかというと、フリーキャッシュフローの使い途が、①配当の支払いや自己株式の取得、②新規事業のための投資、③借入金の返済など財務

フリーキャッシュフローを計算するには

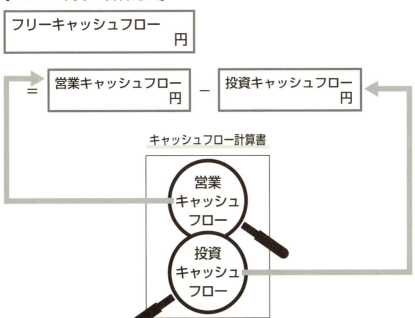

体質の強化など、株主と会社にとってプラスになるものばかりだからです。フリーキャッシュフローが大きいほど、これらの施策を、それこそ自由に行なうことができます。

　フリーキャッシュフローがごく小さかったり、マイナスだと、こうしたことを実施する余力もないということです。

72 現在に直すとキャッシュはいくら？
割引キャッシュフロー法

フリーキャッシュフローから「企業価値」を計算する

前項のフリーキャッシュフローは、M＆Aの際などに会社の値段を決める基準に使われることがあります。当事者間で、たとえばその会社の今後10年分のフリーキャッシュフローを会社の価値とする、などと決めるわけですね。

こうして決めた会社の値段、すなわちフリーキャッシュフローの合計額を「**企業価値**」と呼ぶこともあります。

企業価値の計算に使う「現在価値」

ところで、10年後の将来のキャッシュと現在のキャッシュは同じ価値ではありません。たとえば、将来生み出される1億円のキャッシュは、現在の1億円より価値が低いと考えられます。

なぜかというと、資本にはコスト（金利）がかかるからです。先に行けば行くほど資本コストは積み重なり、資本は目減りしていきます。

このような考え方で、将来のキャッシュフローを現在の価値＝「**現在価値**」に直す方法を「**ディスカウント・キャッシュフロー法**」とか「**割引キャッシュフロー法**」「**ＤＣＦ法**」といいます。

ディスカウント・キャッシュフロー法で現在価値を求める式は、右のようなものです。

この式で、仮に資本コストを5％とし、1億円の現在価値を1年後から10年後まで計算してみると、計算例のようになります。10年間の合計は約7億7,217万円です。

ずいぶん少なくなるものですが、預金などの複利計算と逆の複利

ディスカウント・キャッシュフロー法で計算する

【ディスカウント・キャッシュフロー法】

$$\text{キャッシュフローの現在価値} = \frac{\text{将来のキャッシュフロー}}{(1+\text{資本コスト})^{\text{年数}}}$$

※年数は(1+資本コスト)の累乗

1年後	1億円 ÷ (1 + 0.05) =	約9,524万円
2年後	1億円 ÷ (1 + 0.05)^2 =	約9,070万円
3年後	1億円 ÷ (1 + 0.05)^3 =	約8,638万円
⋮		
10年後	1億円 ÷ (1 + 0.05)^9 =	約6,139万円

計算をすることになるので、こういう計算結果になるのです。

実際の企業価値の計算では、7年から10年間の現在価値の合計を企業価値とすることが多いようですが、いずれにしても単純に合計した10億円よりはかなり少なくなります。

ディスカウント・キャッシュフロー法の簡単な使い方

ディスカウント・キャッシュフロー法は、企業価値の計算だけでなく、たとえば年金を何歳から受給するのがトクかとか、年金と一時金とどちらでもらうのがトクかなど、いろいろ応用できます。

計算式もむずかしく見えますが、エクセルの数式にすれば「=100000000/(1+0.05)^9」だけです（上の例で10年後の場合）。ぜひ、活用を考えてみてください。

73 キャッシュ獲得能力の強さを見る
キャッシュフローマージン

 損益計算書の売上高で割る

キャッシュフローの比率分析（☞36ページ）の指標も見ておきましょう。

損益計算書の売上高と組み合わせて見る指標で「**キャッシュフローマージン**」といいます。用いるキャッシュフローは、営業活動によるキャッシュフローです。

営業キャッシュフローは、会社のキャッシュフローのすべての基盤になるキャッシュフローといえます。その額は、会社がキャッシュを生み出す力をあらわす最も基本的なものです。

この基本的なキャッシュを生み出す力を、損益計算書の売上高で割った比率がキャッシュフローマージンなのです。これは会社の収益力、とくにキャッシュ獲得能力の強さをあらわす指標になります。

 高いほどキャッシュ獲得能力が高い

一般的な経営分析では、収益力を見るのに売上高営業利益率（☞58ページ）などを用います。たしかに売上高営業利益率も、本業で稼ぐ力をあらわす重要な指標です。

しかし利益には、回収できないかもしれないリスクや、会計処理の方法による不確実さがともないますね（☞24ページ）。

その点、キャッシュフローマージンは、確実なキャッシュが分析の対象です。より手堅く、収益力、キャッシュ獲得能力を評価できる指標なのです。

何％以上ならよいと、一概にはいえませんが、高ければ高いほどキャッシュ獲得能力が高いことを示します。

キャッシュフローマージンを計算する

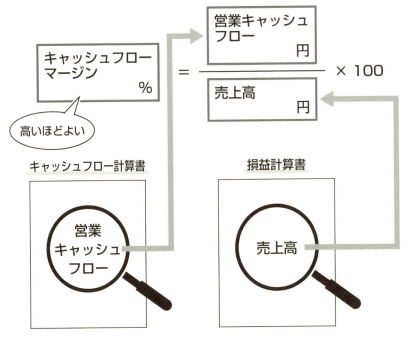

Point 分母を「売上債権回収額」に代えても有効です

　また、前期、前々期と比べて、キャッシュ獲得能力が上がっているか、下がっているか、チェックするような使い方もできます。

　なお、売掛金と受取手形——売上債権の期末の残高から期首（前期末）の残高を引くと、売上債権の増加額または減少額を計算することが可能です。この売上債権の増減額を、売上高にプラス・マイナスすると売上債権の回収額になります。

　上のキャッシュフローマージンの式で、分母の売上高をこの「売上債権回収額」に代えてみましょう。すると、より厳密なキャッシュ獲得能力を見ることができます。これも高いほどよい比率です。

74 キャッシュフローから総合力を見る
総資本キャッシュフロー

総資本キャッシュフローは「キャッシュフロー版ROA」

最後に、キャッシュフローから収益性を見てみましょう。

今度は、貸借対照表の総資本と組み合わせて見ます。総資本経常利益率（☞40ページ）の利益に代えて、より手堅くキャッシュフローを使うのです。

すると、式の分子は営業キャッシュフローに、分母は総資本になります。この式はROA（総資産利益率☞50ページ）の応用にもなっているので、「キャッシュフロー版ROA」ともいえます。

ちなみに、前項のキャッシュフローマージンは、本業で稼いだ営業キャッシュフローを売上高で割ることから、「**キャッシュフロー版売上高営業利益率**」といっていいものです。

この、営業キャッシュフローを総資本で割った比率が、総資本経常利益率の代わりで、ROAの応用となれば、キャッシュフローから会社の総合力がわかる指標といってもいいでしょう。この指標は一般に「**総資本キャッシュフロー**」とか「**総資本キャッシュフロー比率**」と呼ばれています。

キャッシュを稼ぐ力と資本を有効活用する力がわかる

総資本キャッシュフローがいかに役立つ指標か、それを見るために、例によって分解してみましょう。分子と分母に売上高を掛けてみます。

すると、右の図のように、前項で見たキャッシュフローマージンと、総資本回転率があらわれます。

つまり総資本キャッシュフローは、キャッシュ獲得能力を示すキ

キャッシュフローから収益性を見る

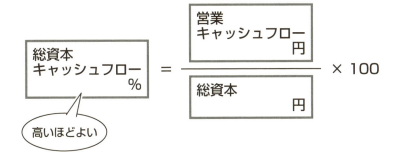

【総資本キャッシュフローを分解してみると】

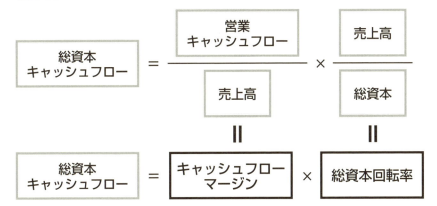

> **Point**
> 総資本キャッシュフローでは、キャッシュを稼ぐ力と
> 資本を有効活用する力が同時に見られる

ッシュフローマージンと、資本の有効活用度をあらわす総資本回転率を、同時に見られる指標だったのです。

　キャッシュを稼ぐ力と同時に、資本を有効活用する力（☞56ページ）もわかることになります。

「CMS」

　近年、企業グループを構成する会社で、急速に導入が進んでいるのが「CMS」(キャッシュ・マネジメント・システム)です。

　たとえば、親会社や金融子会社にCMS専用の口座をつくり、キャッシュに余裕のある会社がそれをプールしたりします。

　運転資金や設備投資資金が足りない会社は、ここから資金を調達するわけです。グループ内の会社のキャッシュを集中的に管理し、資金の調達や効率的な運用をしやすくすることを目的にしています。

　グループ企業間の債権・債務を相殺したり、グループ外への支払いを一元化したりするのも、CMSの機能のひとつです。これらによって、グループ全体として負債の圧縮ができたり、金融機関への支払手数料が削減できるメリットがあります。

　もっとも、CMSの統括会社以外は手許のキャッシュをあまり持たなくなるので、一見、財務状況が悪くなったように見えるかもしれません。キャッシュフロー計算書では、現金及び現金同等物の残高が少なくなることも多く、流動比率や固定長期適合率の数字も悪化するでしょう。

　しかし、それがCMS導入の結果だったら問題がない場合が多いです。安全性を分析するときは、CMS導入の有無にも注意が必要です。

さくいん

英字

- B／S ……………………………… 18
- C／F ……………………………… 24
- CMS ……………………………… 170
- C／S ……………………………… 24
- DCF法 …………………………… 164
- EDINET ………………………… 30
- EPS ……………………………… 88
- EPS成長率 ……………………… 146
- IFRS ……………………………… 33
- IR ………………………………… 30
- PER ……………………………… 90
- P／L ……………………………… 20
- ROA ……………………………… 50
- ROE ……………………………… 52
- S／S ……………………………… 26

あ

- あらり …………………………… 22
- 粗利益 …………………… 22、140
- 粗利益率 ………………………… 140
- 安全性分析 ……………… 38、98
- 1人時生産性 …………………… 138
- 1人時付加価値 ………………… 138
- インタレスト・カバレッジ・レシオ
  …………………………………… 118
- 売上原価 ………………… 22、60
- 売上債権 ………………… 66、74
- 売上債権回転期間 ……………… 74
- 売上債権回転率 ………………… 74
- 売上総利益 ……………… 20、22
- 売上総利益伸び率 ……………… 144
- 売上総利益率 …………………… 62
- 売上高 …………………… 22、60
- 売上高営業利益率 ……………… 58
- 売上高経常利益率 ……… 42、44
- 売上高当期純利益率 …………… 64
- 売上高伸び率 …………………… 144
- 売上高付加価値率 ……………… 134
- 運転資金 ………………………… 122
- 運転資金調達高 ………………… 123
- 運用 ……………………………… 19
- 営業外収益 ……………… 22、60
- 営業外費用 ……………… 22、60
- 営業活動によるキャッシュフロー
  ……………………… 25、152、156
- 営業利益 ………………… 20、22
- 営業利益伸び率 ………………… 144

か

- 回転期間 ………………………… 70
- 外部分析 ………………………… 36
- 加算法 …………………………… 131
- 株価収益率 ……………………… 90
- 株主資本等変動計算書 … 16、26
- 株主資本利益率 ………………… 52
- 借入金依存度 …………………… 116
- 借入金月商倍率 ………………… 116
- 関係比率法 ……………………… 36
- 間接法 …………………………… 154

171

期間比較 …………………………… 37	国際財務報告基準 ………………… 33
企業価値 …………………………… 164	固定資産 ……………………… 66、76
キャッシュ ………………………… 150	固定資産回転率 …………………… 76
キャッシュフロー ………………… 150	固定長期適合率 ……………… 108、110
キャッシュフロー経営 …………… 150	固定費 ……………………………… 78
キャッシュフロー計算書	固定比率 ……………………… 106、110
……………… 16、24、150、152	固定負債 …………………………… 100
キャッシュフロー版ＲＯＡ ……… 168	個別注記表 ………………………… 17
キャッシュフロー版売上高営業利益率	固変分解 …………………………… 78
……………………………… 168	
キャッシュフロー分析 …………… 39	**さ**
キャッシュフローマージン ……… 166	在庫回転率 ………………………… 68
キャッシュポジション …………… 153	財務活動によるキャッシュフロー
	………………… 25、153、160
繰延資産 ……………………… 66、96	財務３表 …………………………… 16
	財務諸表 …………………………… 16
経営安全額 ………………………… 86	財務体質 …………………………… 98
経営安全率 ………………………… 86	財務４表 …………………………… 16
経営指標 …………………………… 14	
経営分析 …………………………… 12	仕入債務 …………………………… 100
計算書類 …………………………… 14	仕入債務回転日数 ………………… 120
経常利益 ……………………… 20、23	自己株式 …………………………… 114
経常利益伸び率 …………………… 144	自己資本 …………………………… 19
継続企業の前提 …………………… 34	自己資本比率 ……………………… 112
決算 ………………………………… 14	資産 ………………………………… 18
決算書 ……………………………… 14	資産の部 …………………………… 66
限界利益 …………………………… 80	実数分析 …………………………… 36
限界利益率 …………………… 80、82	支払能力 ……………………… 98、110
現金 ………………………………… 150	資本 ………………………………… 19
現金同等物 ………………………… 150	資本金 ……………………………… 114
現在価値 …………………………… 164	資本剰余金 ………………………… 114
健全性分析 ………………………… 98	資本生産性 ………………………… 126
	収益性 ……………………………… 38
交差比率 …………………………… 140	収益性分析 ………………………… 56
控除法 ……………………………… 130	収益力 ………………………… 40、56
構成比率法 ………………………… 36	純資産 ……………………………… 18
効率性 ……………………………… 39	純資産の部 ………………………… 114
ゴーイング・コンサーン ………… 34	商品回転期間 ……………………… 72

商品回転率················· 72
新株予約権················ 115
信用分析 ············· 12、98

趨勢分析 ·················· 37
ストック ·················· 28

生産性 ··················· 126
生産性分析················· 38
成長性分析············ 38、142
税引前当期純利益····· 20、23、61
セグメント情報············· 94

相互比較 ·················· 37
総資産利益率··············· 50
総資本回転率······· 42、46、48
総資本キャッシュフロー（比率）
·························168
総資本経常利益率····· 40、42、50
損益計算書········· 16、20、60
損益分岐点············ 78、82
損益分岐点売上高············ 82
損益分岐点図表·············· 84
損益分岐点操業度············ 82
損益分岐点分析············· 78

た

貸借対照表············ 16、18
滞留債権·················· 74
棚卸資産·················· 66
棚卸資産回転期間············ 70
棚卸資産回転率············· 68
他人資本·················· 19

注記······················ 16
中小企業チェックリスト······· 54
調達······················ 19
直接法··················· 154

ディスカウント・キャッシュフロー法
·························164
当期純利益········· 20、23、61
当座資産·················· 66
当座比率············ 104、110
投資活動によるキャッシュフロー
················ 25、153、158
投資その他の資産············ 66
投資分析·················· 12
特別損失············· 23、61
特別利益············· 23、61

な

内部管理分析··············· 12
内部分析·················· 36

人時生産性················138

は

配当性向·················· 92
バランスシート············· 18
販売費及び一般管理費····· 22、60

引当金···················· 96
1株当たり利益·············· 88
1人当たり売上総利益········128
1人当たり売上総利益伸び率····146
1人当たり売上高···········128
1人当たり売上高伸び率·······146
1人当たり営業利益伸び率·····146
1人当たり経常利益··········128
1人当たり経常利益伸び率·····146
1人当たり人件費···········136
1人当たり付加価値··········130
評価・換算差額等···········115
比率分析·················· 36

ファイナンス・リース	124	有形固定資産	66
付加価値	130	有形固定資産回転率	76
負債	18		
負債の部	100	**ら**	
附属明細表	16	リース債務	124
フリーキャッシュフロー	162	リース資産	124
フロー	28	利益剰余金	114
		利払能力	118
変動損益計算書	80	流動資産	66
変動費	78	流動性	39
		流動性配列法	100
包括利益	33	流動性分析	101
		流動比率	102、110
ま		流動負債	100
前受金	148		
前受収益	148	連結会計	32
マネジメントアプローチ	94	連結財務諸表	32
未払金	148	労働生産性	127、130、132、134
未払費用	148	労働分配率	136
無形固定資産	66	**わ**	
や		割引キャッシュフロー法	164
有価証券報告書	30	ワンイヤールール	66

174

（一般社団法人）城西コンサルタントグループ（略称：ＪＣＧ）

国家資格の中小企業診断士を中心に公認会計士、税理士なども含めた130余名のコンサルタントが所属している経営コンサルタントグループ。2009年に発足し、首都圏を中心に全国のお客様にコンサルタント活動・研修セミナー・各種調査・執筆事業を行なっている。会員による個別企業の経営コンサルティングを行なうのはもちろん、企業が抱えるさまざまな課題（売上・利益改善、事業承継など）に対して、多彩な専門分野をもっている会員たちでベストチームを組んで、的確にかつスピーディな診断や助言を行ない、お客様から高い評価をいただいている。

『図解でわかる 原価計算の基本としくみ』（アニモ出版）の監修のほか、『図解でわかる経営計画の基本 いちばん最初に読む本』『資金繰りで困る前に読む本』『ＤＸ戦略のつくり方・すすめ方＜実践編＞』（以上、アニモ出版）など、神谷俊彦会長はじめ会員メンバーの著書が多数ある。

本　部：東京都新宿区新宿2丁目5－12
　　　　FORECAST新宿AVENUE　6階
ＵＲＬ：https://jcg-net.com/
mail：　info@jcg-net.com

図解でわかる　経営分析の基本と見方・活かし方
2024年12月15日　初版発行

監修者　城西コンサルタントグループ
発行者　吉溪慎太郎
発行所　株式会社アニモ出版
　　　　〒162-0832 東京都新宿区岩戸町12 レベッカビル
　　　　TEL 03(5206)8505　FAX 03(6265)0130
　　　　http://www.animo-pub.co.jp/

©H.Wada 2024　ISBN978-4-89795-292-5
印刷・製本：壮光舎印刷　Printed in Japan

落丁・乱丁本は、小社送料負担にてお取り替えいたします。
本書の内容についてのお問い合わせは、書面かFAXにてお願いいたします。

すぐに役立つ アニモ出版 実務書・実用書

キャッシュフローと
　　損益分岐点の見方・活かし方

本間 建也 著　定価 1980円

会社を強くするための会計実務書。利益管理に欠かせない損益分岐点とキャッシュフロー（資金収支）を合体させることで本当の意味での採算計算、利益戦略を実践的に指南する本。

図解　経営のしくみがわかる本

野上 眞一 著　定価 1760円

会社のしくみや組織づくり、経営戦略の手法からDX、ESGへの対応のしかたまで、わかりやすい図解とやさしい解説で、経営についての素朴な疑問にズバリ答える入門経営書。

図解でわかる経営計画の基本
　　いちばん最初に読む本

神谷 俊彦 編著　定価 1760円

経営計画の目的、重要性、作成のしかたから、経営戦略の策定、計画達成のための実行管理のしかたまで、経営計画について知りたいことのすべてが、図解でやさしく理解できる本。

すぐに役立つ！
資金繰りで困る前に読む本

神谷 俊彦 編著　定価 1870円

資金計画・資金繰り表のつくり方から、金融機関からの融資の受け方、資金調達のやり方まで、資金繰りや資金管理の悩みに応えて、具体的な対処のしかたがやさしく理解できる本。

定価変更の場合はご了承ください。